16	3	2	13
5	10	11	8
9	6	7	12
4	15	14	1

Pierre Clastres

MITOLOGIA DOS ÍNDIOS CHULUPI

Organização de Michel Cartry e Hélène Clastres
Tradução de Ian Packer
Posfácio de Beatriz Perrone-Moisés

editora■34

EDITORA 34

Editora 34 Ltda.
Rua Hungria, 592 Jardim Europa CEP 01455-000
São Paulo - SP Brasil Tel/Fax (11) 3811-6777 www.editora34.com.br

Copyright © Editora 34 Ltda. (edição brasileira), 2024
Mythologie des indiens Chulupi © 2024 Jean-Michel Clastres

A FOTOCÓPIA DE QUALQUER FOLHA DESTE LIVRO É ILEGAL E CONFIGURA UMA
APROPRIAÇÃO INDEVIDA DOS DIREITOS INTELECTUAIS E PATRIMONIAIS DO AUTOR.

Os editores agradecem à antropóloga Verena Regehr-Gerber
pelos valiosos esclarecimentos a respeito da língua e de referentes chulupi.

Imagem da capa:
© *Esteban Klassen*, Sem título, *2015,
caneta esferográfica s/ papel, 21 x 30 cm,
Colección Artes Vivas, Verena Regehr-Gerber, Chaco, Paraguai*

Capa, projeto gráfico e editoração eletrônica:
Franciosi & Malta Produção Gráfica

Revisão:
Raquel Camargo, Camila Boldrini, Milton Ohata

1ª Edição - 2024

  CIP - Brasil. Catalogação-na-Fonte
(Sindicato Nacional dos Editores de Livros, RJ, Brasil)

       Clastres, Pierre, 1934-1977
C551m   Mitologia dos índios Chulupi /
       Pierre Clastres; organização de Michel Cartry
       e Hélène Clastres; tradução de Ian Packer;
       posfácio de Beatriz Perrone-Moisés —
       São Paulo: Editora 34, 2024 (1ª Edição).
       224 p.

       ISBN 978-65-5525-210-1

       Tradução de: Mythologie des indiens Chulupi

          1. Antropologia. 2. Etnologia. 3. Índios
Chulupi - Cultura. I. Cartry, Michel (1931-2008).
II. Clastres, Hélène (1936-2023). III. Packer, Ian.
IV. Perrone-Moisés, Beatriz. V. Título.

                    CDD - 306

MITOLOGIA DOS ÍNDIOS CHULUPI

Prefácio, *Hélène Clastres* 7

A. *El Gran Chaco* 15

B. Mitologia
    I. Origem das plantas cultivadas 27
    II. Histórias naturais 40
    III. Cosmologias 51
    IV. Povo da água, homens-pássaros 63
    V. Histórias de canibais 84
    VI. Duas figuras do enganador 100
    VII. Primeiros truques, primeiros aprendizados ... 121
    VIII. Histórias morais 138

C. Narrativas de guerra
    I. Guerra Chulupi-Toba 169
    II. Combates contra os argentinos e os bolivianos ... 175

D. Homenagem a Alfred Métraux 179

E. Documentos etnográficos 183

Índice dos mitos 203
Referências bibliográficas 207

Posfácio, *Beatriz Perrone-Moisés* 209

Sobre o autor 219
Sobre o tradutor 221

Nota dos editores

Traduzido da edição original francesa *Mythologie des indiens Chulupi*, Louvain/Paris, Peeters, 1992.
Na presente edição a maioria das notas de rodapé é de Pierre Clastres. As notas dos organizadores da edição francesa estão entre colchetes, e as que foram incluídas pelo tradutor contêm ao final a indicação (N. do T.).

PREFÁCIO

Hélène Clastres

Foi em 1966, quando esteve pela primeira vez entre os índios Chulupi, que Pierre Clastres recolheu a mitologia que agora publicamos. Ao ir para essa sociedade do Chaco, Clastres optou por uma experiência etnográfica inteiramente diferente das que havia tido anteriormente: entre os Guayaki,[1] em 1963, e entre os Guarani, em 1965. Essas duas sociedades eram certamente bastante peculiares, mas também tinham muitas características em comum: um mito registrado em 1963 entre os Guayaki evocava um rito funerário até pouco tempo atrás praticado pelos Guarani; uma outra narrativa parecia ser um fragmento de um mito guarani; além disso, se as duas línguas são diferentes quanto à sintaxe, o léxico guayaki é quase inteiramente guarani. Em suma, as questões levantadas pela pesquisa do antropólogo com os Guayaki o estimulavam naturalmente a ir conhecer também os Guarani. O Chaco, por sua vez, representava uma completa mudança, outra geografia, outra família linguística, outro estilo de civilização. A escolha dos Chulupi também atendia a uma preocupação de outra ordem, não mais metodológica, mas de ofício: ele queria diversificar sua experiência etnográfica e experimentar o modo, sempre diferente, como uma sociedade concede — dificulta — o acesso a si, e nisso já se revela em sua singularidade.

Desde que voltou desse primeiro campo entre os Chulupi (um segundo terá lugar dois anos mais tarde), Clastres concebeu o projeto de escrever um livro centrado em sua mitologia, e que apre-

---

[1] Os Guayaki se autodenominam Aché. A experiência etnográfica de Pierre Clastres entre os Aché deu origem ao livro *Crônica dos índios Guayaki* (São Paulo, Editora 34, 1995; 2ª ed., 2020). (N. do T.)

sentasse seu *corpus* completo. Algumas notas — lapidares — retiradas de seus cadernos de campo indicam que ele planejava tratar, sobretudo, das circunstâncias em que havia registrado esses mitos, de seus principais narradores, da forma de ouvir e de contá-los, do seu trabalho de tradução, dos títulos dos mitos, do interesse de sua publicação... Um texto começava a ser esboçado. Porém, a única parte redigida foi a introdução, que publicamos aqui com o título *El Gran Chaco*.

O restante do projeto foi deixado em aberto. Enquanto trabalhava nele e tentava encontrar na rica documentação deixada pelos jesuítas do século XVIII os traços característicos da civilização do Chaco, Clastres avaliava principalmente a singularidade dessas sociedades guerreiras — sociedades "de guerreiros", como iria qualificá-las mais tarde. Os testemunhos dos jesuítas sobre as grandes tribos guerreiras do passado ecoavam o material que ele mesmo havia acabado de registrar entre os Chulupi, especialmente em diversas narrativas de episódios guerreiros ocorridos nos anos 1930, que, de tão recentes, foram contadas a ele pelas próprias pessoas que os vivenciaram. A partir de então, o problema da guerra se tornou preponderante em sua reflexão, e foi com o objetivo de aprofundar a noção de "*ethos* guerreiro" que ele voltou aos Chulupi em 1968 para uma segunda missão. Uma parte importante de sua reflexão ficou conhecida por meio de um de seus últimos textos, "Infortúnio do guerreiro selvagem", publicado em 1977.[2]

Dos diferentes aspectos dos mitos que ele pretendia abordar, há apenas um a respeito do qual temos condições de fazer algumas considerações: a tradução. Pierre Clastres não conhecia a língua chulupi. Enquanto suas pesquisas anteriores haviam sido realizadas na língua nativa (os Guayaki falavam somente sua própria língua e os Guarani se recusavam a empregar uma língua estrangeira

---

[2] "Malheur du guerrier sauvage", *Libre*, n° 3, 1977. Republicado em *Recherches d'anthropologie politique*, Paris, Seuil, 1980.

[No Brasil, publicado sob o título "Infortúnio do guerreiro selvagem" em Pierre Clastres, *Arqueologia da violência: pesquisas de antropologia política*, São Paulo, Cosac Naify, 2004, 2ª ed. (N. do T.)]

para falar de seus deuses), ele encontrou no Chaco índios menos reticentes em relação a línguas estrangeiras e que falavam espanhol, entre outras. Ele pôde, então, recorrer a intérpretes: Juan e Walter Flores, dois Chulupi que conheciam bem o espanhol — eles dominavam a escrita —, e também o guarani paraguaio. Eles aceitaram não apenas trabalhar como intérpretes de Clastres na aldeia em que viviam, como acompanhá-lo em seus deslocamentos por outras aldeias: Pierre Clastres trabalhou com eles em diferentes comunidades do Pilcomayo, registrando em um gravador principalmente os mitos e as narrativas de guerra. Todas essas gravações realizadas em língua chulupi foram traduzidas por esses dois homens *in loco*, e toda vez que eles empregavam uma palavra em espanhol que parecia problemática, Pierre Clastres pedia para explicarem o conteúdo e o uso da palavra chulupi correspondente; quando se tratava de um nome de planta ou animal, o termo em guarani também era solicitado. Assim, a tradução foi controlada passo a passo; a escrita foi trabalhada posteriormente.

Quanto à elaboração final que ele pretendia dar ao material, podemos apenas pressenti-la, e remeter à sua obra. Pois a reflexão etnológica de Pierre Clastres é inseparável da atenção que ele dedicava aos mitos, sobretudo aos textos rituais e ao estatuto da palavra. Dos Guayaki, pobres em narrativas míticas, ele trouxera cantos de caçadores, evocações para espíritos da floresta e fórmulas de reverência aos animais vítimas da caça, lamentos fúnebres, crônicas sobre o tempo passado... Palavras que, restituídas em sua composição com os gestos, os atos, os silêncios dos rituais ou da vida, ao mesmo tempo que captam a singularidade, tornando sensível para nós a onipresença de um universo mítico estrangeiro, irredutível a qualquer outro — a floresta dos Guayaki, onde reina uma das principais figuras de seu bestiário, o jaguar —, alcançam o universal, incitando-nos a meditar sobre a linguagem e seu "bom uso". A linguagem dos Guayaki é naturalmente poética, diz Clastres, pois nela "repousa o valor das palavras", que aparece quando "o sentido subsiste despojado de toda mensagem". O canto dos caçadores guayaki pode então ser ouvido como "um canto geral", em que se exprime o "desejo secreto" dos homens de escaparem à sua condição. "Esse desejo", diz ele, "pode apenas ser sonhado pelos homens, e é somente no espaço da linguagem que ele se realiza... Apenas a linguagem pode realizar a dupla missão de juntar os homens e romper os laços que os unem. Única possibilidade para eles de transcender a sua condição, a linguagem coloca-se então como seu *além*, e as palavras, ditas pelo que *valem*, são a terra natal dos deuses."[3]

Entre os Guarani, cuja literatura foi amplamente coletada desde o início do século XX, Clastres se deparou com um conjunto de textos de natureza muito diferente: além de uma mitologia limitada a três grandes narrativas, poemas cosmogônicos que manifestavam uma busca deliberada pela forma — uma arte da metáfora — e expressavam preocupações filosóficas sobre a origem do mal, o tema do Dois e o da incompletude...[4] Conhecimento profundamente codificado e detido por sábios, mas que oferece muito material para a reflexão: "Glosas sobre os mitos, comentários livres, lampejos de uma luz sem rastros".[5] Daí a forma particular do livro que trata desse conhecimento, *A fala sagrada*, uma coletânea de fragmentos aforísticos em que Pierre Clastres se esforçou para "tornar sensível ao leitor tudo o que encerra de poesia e profundidade o pensamento dos índios Guarani", mantendo "em alguns fragmentos uma certa obscuridade".[6] Durante o trabalho de tradução e comentário, ele diz ter sentido a "dificuldade de dominar o espírito que corre secretamente sob a tranquilidade da palavra, de captar a embriaguez desse espírito que marca com seu selo todo discurso enigmático".[7]

---

[3] *A sociedade contra o Estado*, São Paulo, Ubu, 2017, p. 119 (tradução ligeiramente modificada).

[4] Os temas do Dois e da incompletude, centrais na metafísica guarani e no pensamento de Pierre Clastres, são analisados por ele em alguns capítulos de *A sociedade contra o Estado* e na introdução de *A fala sagrada: mitos e cantos sagrados dos índios Guarani*. (N. do T.)

[5] *A fala sagrada: mitos e cantos sagrados dos índios Guarani*, Campinas, Papirus, 1990, p. 15 (tradução ligeiramente modificada).

[6] *Ibidem*, p. 18 (tradução ligeiramente modificada).

[7] *Ibidem*, p. 17.

No Chaco, ele encontrou um estilo de texto e uma forma de narrar que eram quase opostos: abundância de histórias e variantes, sempre contadas e escutadas com enorme prazer. Sobre esses mitos há apenas o artigo "De que riem os índios?", publicado em junho de 1967 na revista *Les Temps Modernes* (republicado em *A sociedade contra o Estado*). Nele, Clastres analisa dois mitos desse *corpus*, evidenciando aquilo que lhes confere um poder cômico. Dois outros mitos foram publicados em anexo a seu artigo sobre a guerra, ilustrando as representações chulupi da guerra e dos guerreiros, assim como o uso que eles fazem do escárnio. Isto basta para nos convencer de que, a exemplo do que havia feito com os Guarani e os Guayaki, ele nos teria apresentado essa mitologia — função da sociedade, "lugar de produção e invenção do mito"[8] —, de maneira peculiar, deixando a elaboração nascer da própria matéria, ou seja, dos mitos e de seus narradores. Pois, preocupado em atenuar a escassez de documentos dessa natureza em língua francesa, ele não havia desistido de sua intenção original de publicar o *corpus* na íntegra. A edição francesa buscou responder a essa intenção.

＊＊＊

Resta-nos chamar a atenção para o papel dos editores neste volume, além, claro, da decisão de oferecer ao leitor um livro um tanto heterogêneo, que inclui: o começo de um texto sobre o Chaco, um *corpus* de mitos anotados, narrativas de guerra, um texto em homenagem a Métraux e documentos etnográficos. A escolha destes últimos é de nossa responsabilidade: entre as anotações de campo de Clastres, selecionamos apenas aquelas que ele tinha redigido, ou que, com um mínimo de redação adicional, poderiam constituir rubricas com informações suficientemente úteis para a leitura dos mitos (assim, deixamos de lado uma nomenclatura de parentesco). Da mesma forma, é de nossa responsabilidade a ordem em que os mitos são apresentados. Nós os agrupamos em oito títulos principais, segundo o que nos pareceu ser a temática do-

---

[8] *Arqueologia da violência*, São Paulo, Cosac Naify, 2004, p. 149.

minante, modificando parcialmente a ordem na qual Pierre Clastres os havia deixado. Em nossa leitura, contudo, guiamo-nos pelas diretrizes que nos pareceram emergir da paginação original e das notas. Pierre Clastres já havia pensado a respeito da organização que daria ao *corpus*, e ressaltado, sobretudo, os ciclos em que aparecem essas figuras míticas centrais que são os animais — o grande assunto de toda a mitologia ameríndia —, esboçando os primeiros traços de um bestiário chulupi (jaguar, raposa, tamanduá, tatu, pássaros, monstros aquáticos..., um universo mítico inspirado em um lugar onde, diz Clastres, "uma vida abundante passa e desliza pelos ares, sobre a terra e dentro d'água"). Mas seu trabalho, inacabado, deixou alguns poucos mitos isolados, que fizemos questão de incorporar aos demais.

(1992)

MITOLOGIA DOS
ÍNDIOS CHULUPI

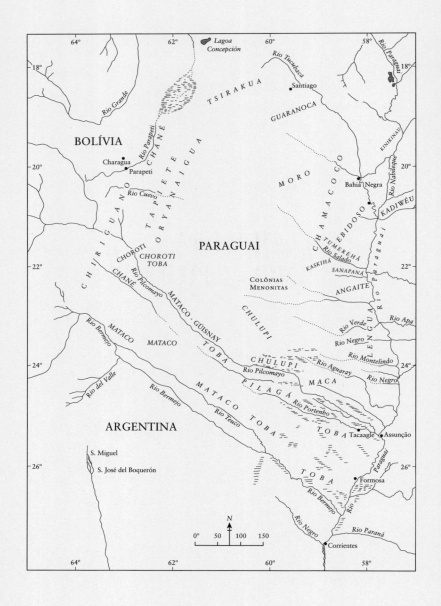

A.
EL GRAN CHACO

"*El Gran Chaco*..." Assim se chama o imenso território que estende sua aura de mundo outro da margem direita do rio Paraguai até os Andes. Com sua luz e seu silêncio acachapantes, esse espaço quase planetário abole o tempo e desperta a imaginação para os mesmos mistérios que, no século XVI, fascinaram os conquistadores espanhóis e muitas vezes os levaram à morte.

Com um contorno quase retangular, o Chaco se estende do paralelo dezesseis Norte ao trinta do hemisfério Sul, englobando assim uma parte dos territórios boliviano e argentino e mais da metade do Paraguai. Quase nenhum relevo interrompe a infinita repetição da paisagem, e uma vegetação agressiva, a perder de vista, dificulta sua penetração. Um campo de relva escassa permite que se veja, às vezes, um bando de emas em fuga. O chão, bastante argiloso, não contém nenhuma pedra; e quando o vento sopra, erguem-se redemoinhos de poeira vermelha e fina, que se incrusta na pele.

Assim como o relevo, o clima do Chaco também é homogêneo, dominado pela oposição entre a estação seca e a estação úmida. Durante o verão, de outubro a abril, chove; durante o inverno, de maio a setembro, as chuvas cessam. Se a situação tropical faz do verão *chaqueño* uma estação infernal, com a temperatura podendo chegar a 47 °C entre dezembro e fevereiro (na Bahia Negra, por exemplo, situada no norte do Paraguai), sua abertura ao sul abre caminho para os ventos gelados que, da distante Patagônia, impõem-lhe às vezes temperaturas glaciais. Em junho e julho, o termômetro pode descer abaixo de zero e, ao amanhecer, não é raro encontrar os pântanos de águas estagnadas cobertos por uma fina camada de gelo.

O Chaco é uma região duplamente seca: primeiramente (e durante seis meses), em razão do regime de chuvas e, em seguida, porque a rede hidrográfica que o irriga é composta apenas pelos rios paralelos Bermejo e Pilcomayo, este último na fronteira entre o Paraguai e a Argentina. De modo que o Chaco, principalmente em sua parte paraguaia, encontra-se privado de água durante uma boa parte do ano. No verão, as chuvas contínuas fazem com que o médio e o baixo Pilcomayo, cercados de vastas zonas pantanosas (*lagunas*, *banãdos*, *aguadas*), transbordem. O chão argiloso é impermeável e retém as águas dos rios. Estas inundam até as menores cavidades e as mais leves depressões, constituindo, assim, reservas de água para a fauna e para os índios. Se a estiagem é muito forte, as *aguadas* secam muito antes do começo da estação de chuvas, o que obriga os índios — pelo menos os do interior — a procurar outras fontes de água. Quanto à vegetação, ela é adaptada à aridez do solo e do clima. É difícil imaginar natureza mais hostil do que esta: todas as plantas, todos os arbustos são espinhosos, e até mesmo os troncos da maioria das árvores são rugosos e ásperos, impedindo que se suba neles. À exceção de algumas espécies altas (*guayacan*, *quebracho*), a cobertura vegetal é constituída por um emaranhado denso e impenetrável de arbustos e cactos de diversos tipos, alguns com quatro ou cinco metros de altura: paisagem antipática que, desprovida da majestade da floresta tropical úmida, parece existir somente como obstáculo.

Um imenso palmeiral ocupa a parte oriental do Chaco, e quando no verão a água cobre a terra, essa zona assume, em alguns pontos, o aspecto que geralmente se atribui às paisagens secundárias da era dos grandes répteis. Essa vaga analogia é encorajada ainda pela fauna, pois serpentes, venenosas ou não, literalmente pululam no Chaco, exceto quando faz muito frio. Aos milhares, urubus imóveis espreitam os eflúvios de alguma carniça, enquanto diversas espécies de pássaros aquáticos, de diferentes tamanhos e ricas cores, decolam em voos barulhentos dos lagos repletos de peixes. Uma vida abundante passa e desliza pelos ares, sobre a terra e dentro d'água, nesse universo ora indeciso quanto a deixar que os elementos se misturem, ora de uma nitidez brutal, que não parece em nada ter sido feito para os homens. O Chaco, contudo, abrigava poderosas tribos.

Mesmo que presentes às margens dos rios, atraídos que são pela água, os homens não deixam deserto o interior do Chaco paraguaio: há povos de rio e povos de floresta. Entre os primeiros, encontram-se os Choroti, os Chulupi e os Maka, que vivem na margem esquerda do Pilcomayo, de montante a jusante. Os Paiaguá (desaparecidos há muito tempo) controlavam a margem direita do rio Paraguai. Atualmente, vivem nesse rio os índios Angaite e Sanapana, que são, na verdade, tribos do interior que foram atraídas pelas explorações paraguaias de *quebracho* situadas às suas margens. O nordeste do Chaco pertence aos Chamacoco, enquanto todo o noroeste é dominado pelos Moros ou Ayoreo, índios ainda hostis. Entre o Pilcomayo e o limite sul do território ayoreo, encontra-se a zona dos índios Lengua (que se autodenominam Enshet). Enfim, a oeste, ao longo da fronteira boliviana, vivem tribos de língua guarani: os Guarayo, os Guasurangue (subgrupo Chiriguano da Bolívia) e os Tapiete, provavelmente descendentes guaranizados dos antigos Chane-Arawak, outrora escravos dos Guarani.

Essas tribos se dividem em quatro famílias linguísticas: o grupo guarani; o grupo zamuco (Ayore, Chamacoco); o grupo mascoy (Angaite, Sanapana, Lengua); o grupo mataco (Choroti, Chulupi, Maka). Não existe, no Chaco paraguaio, mais nenhum representante dos famosos Guaicuru, pois os Mbaya e os Paiaguá desapareceram completamente. Não há censos precisos da população indígena do Chaco. Pode-se, contudo, estimá-la — grosseiramente — em algo em torno de 12 mil ou 15 mil pessoas. Esse número chama a nossa atenção por sua importância relativa. Há cinquenta anos, certamente havia muito mais índios. Por outro lado, pode-se dizer que há vinte e cinco ou trinta anos, as tribos do Chaco estavam prestes a desaparecer. No entanto, há quinze anos, observa-se um lento crescimento na demografia indígena. Isso se deve à assistência médica oferecida pelas missões católicas e protestantes, que conseguiram diminuir bastante a mortalidade infantil, bem como à vontade de sobreviver dos índios, cujo poderoso sentido

El Gran Chaco

tribal reforçou a coesão perante o impacto da civilização branca. Todos esses elementos, somados ao fato de que o Chaco era, e ainda é, quase vazio de população paraguaia, permitiram aos índios cruzarem a fronteira — muitas vezes mortal — do contato generalizado com nossa civilização de maneira menos desastrosa do que ocorreu com muitas outras tribos sul-americanas.

Os índios do Chaco são, no que diz respeito ao tipo físico, muito semelhantes entre si e bastante diferentes dos seus vizinhos a oeste e a leste. Geralmente, tanto os homens como as mulheres são altos, não sendo difícil encontrar homens com mais de 1,80 m de altura. De porte físico forte, mas não exatamente corpulentos, eles têm uma notável musculatura, e sua elegância natural, somada à disciplina que as investidas silenciosas na floresta ou nos pântanos impõem a seus movimentos, confere a suas atitudes uma postura realmente altiva. No que se refere às mulheres, seus traços podem ser muito finos; alegres e também bastante robustas, elas têm uma tendência a ganhar peso a partir dos quinze anos, e não possuem a mesma graça que seus maridos. Além disso, os índios do Chaco têm ainda em comum um tom de pele mais escuro do que o dos outros indígenas.

A despeito das diferenças linguísticas e da rivalidade às vezes sangrenta entre as tribos, há, do ponto de vista da civilização, um "ar de família" entre todos os grupos do Chaco, de modo que é possível considerá-lo como uma grande área cultural, isto é, como um conjunto homogêneo, situado entre dois outros conjuntos homogêneos: a leste, o bloco guarani; a oeste, o bloco andino (quéchua, aymara), ambos tendo exercido uma certa influência sobre os povos do Chaco. Todas essas tribos (com exceção das que falam guarani) têm, de fato, um certo número de traços culturais em comum, tanto no que concerne à vida econômica como à organização social ou à mitologia, traços que desenham o rosto do que se pode chamar a civilização do Chaco. Todos os grupos possuem, pois, uma tendência matrilinear evidente, e a busca por alimentos segue os mesmos ritmos sazonais, tendo em vista o papel secundário que a agricultura geralmente desempenha entre eles. Note-se também o gosto desses índios pela guerra, que tende a modificar em todos os grupos e numa mesma direção a estrutura de suas sociedades. O equipamento técnico, a vida ritual e as crenças também são muito semelhantes de uma tribo a outra.

Resulta disso que a descrição detalhada de uma sociedade do Chaco permite obter um conhecimento pertinente da civilização do Chaco. Mas isso significaria então que cada tribo é apenas uma pequena amostra de uma mesma realidade sociocultural, e que os grupos se distinguem somente pelas línguas que falam? De forma alguma. Um grupo não é um "modelo reduzido" do fundo cultural que ele compartilha com seus vizinhos, e as tribos do Chaco se distinguem justamente por um sentido muito agudo de sua particularidade e uma vontade firme de manter e cultivar essa diferença. Há um esforço constante de introduzir (para além da língua) uma distância: seja se especializando num certo ramo econômico, seja intensificando esta ou aquela atividade, como a guerra. Esse distanciamento permite aos membros de um grupo se pensarem coletivamente enquanto comunidade. Em outros termos, o "solo cultural" do Chaco é homogêneo, mas cada tribo anima esse conteúdo comum com um espírito ou um estilo particular. De certa forma, então, trata-se aqui de abordar o Chaco "subespécie" Chulupi, se assim se pode chamá-lo.

Essa tribo ocupa o médio Pilcomayo e a região interiorana correspondente. Indaguemo-nos, inicialmente, sobre seu nome. Conhecida como Chulupi no Paraguai e na Argentina, esse nome próprio não pertence à sua língua, sendo, provavelmente, de origem quéchua. Os Chulupi aparecem na literatura etnográfica com os trabalhos de Nordenskiöld, no início do século XX, sob a denominação de Ashluslay: "Como pude verificar, eles se autonomeiam Ashluslay...". Ora, essa informação é certamente incorreta, pois os Chulupi desconhecem o termo Ashluslay e sua autodenominação é Nivaclé, que significa "os humanos". Ashluslay — cuja versão pura seria Ahluhlay, que significa "Povo da Iguana" — é o nome que os Choroti dão aos Chulupi. Claro, é apenas um detalhe, mas que confirma (se necessário fosse) a atitude espontaneamente etnocêntrica das sociedades indígenas que quase sempre se autodenominam por meio de um termo em sua língua que significa: os homens, a gente, as pessoas. Notemos também que o termo Gwentuse não remete a nenhum grupo local particular, sendo ape-

El Gran Chaco

nas o nome que os Maka dão aos Chulupi (a versão correta seria Wentuseh). Tendo isso em vista, nós designaremos a tribo aqui descrita com o nome Chulupi, pois há muito tempo esse termo é correntemente usado no Chaco, tanto pelos índios quanto pelos brancos.

Os Chulupi se dividem em dois grupos principais: os que vivem às margens do Pilcomayo e os que vivem no interior, ou seja, o povo do rio e o povo da floresta. Os primeiros ainda distinguem a si mesmos entre "os do rio acima" e "os do rio abaixo": mas a diferença reside em detalhes de pronunciação, perceptíveis somente ao ouvido indígena. Sejam da parte de cima, sejam da parte de baixo, a verdade é que as pessoas do rio são muito semelhantes. Muito mais significativa é a distância que separa as pessoas do rio das pessoas da floresta. Para começar, a diferença linguística entre elas é mais nítida, sem, contudo, atrapalhar a comunicação. Mas é sobretudo no plano da organização econômica que se estabelece a distinção. Os índios do rio são principalmente pescadores, enquanto os da floresta são caçadores. Resulta disso que estes últimos são menos favorecidos do que seus primos do Pilcomayo, já que lhes falta o peixe como recurso alimentar. A vida mais difícil dos Chulupi da floresta os torna talvez mais "rústicos" e menos abertos do que os Chulupi do rio. De toda forma, estes consideram seus parentes da floresta brutos e antipáticos, e as relações entre eles são, se não hostis, bastante frias.

Diferentemente dos grupos do Chaco argentino, os índios da margem esquerda do Pilcomayo ficaram praticamente sem contato direto com o mundo dos brancos até o começo do século. Na década de 1910, Nordenskiöld observava que a vida social e a cultura material dos Chulupi e dos Choroti permaneciam praticamente intactas. Ao que parece, nunca houve tentativas de cristianizar estes últimos, e como as autoridades paraguaias nunca se preocuparam seriamente em colonizar o Chaco, os índios que o habitavam puderam, até uma data recente, viver suas vidas tradicionais em quase total liberdade. As coisas começaram a mudar a partir dos anos 1920. Os Chulupi passaram a imitar os índios argentinos e alguns aceitaram trabalhar em plantações de cana-de-açúcar na província argentina de Salta. Ali, os grandes proprietários de terra os submetiam a um regime de trabalho forçado, justificando-o pela convicção de que os índios eram como animais. Assim, nunca lhes pagavam em dinheiro, mas sempre com mercadorias: roupas esfarrapadas e aguardente. Daí o alcoolismo, a prostituição, as doenças venéreas, todas as coisas que atacavam o corpo e a alma dos índios. Esse contato destruidor com o universo branco do trabalho ocorria somente nas aldeias onde os chefes aceitavam (por ingenuidade ou covardia) as propostas dos funcionários que vinham recrutar mão de obra. Algumas lideranças, como o célebre Tofai, sempre se recusaram a encorajar os índios das aldeias que chefiavam a irem trabalhar para os brancos durante um período do ano.

A partir de 1928 ou 1929, a situação dos Chulupi se agravou muito, mas por outras razões. Contra a própria vontade, eles se viram implicados em um conflito de dimensões internacionais. Vinte anos antes, durante uma guerra com o Chile, a Bolívia havia perdido seu acesso ao oceano Pacífico e, como consequência, desejava obter uma saída para o Atlântico, por meio do controle do rio Paraguai. Para isso, necessitava conquistar o Chaco paraguaio, cujos verdadeiros donos à época ainda eram os índios. O exército boliviano começou então a construir fortificações no Chaco, avançando cada vez mais sobre o território paraguaio. Depois dos militares, vieram se instalar os criadores de gado, que necessitavam de territórios vastos para seus rebanhos. Esses acontecimentos ocorriam nos territórios ancestrais de caça dos Chulupi. Estes, assim como quase todos os índios do Chaco, eram um povo guerreiro, e opuseram uma resistência obstinada aos soldados bolivianos que queriam exterminá-los para garantir o domínio completo dessa parte do Chaco. Comandados pelo chefe Tofai, estrategista ardiloso e impiedoso, os guerreiros Chulupi acossavam incessantemente as tropas bolivianas e muitos soldados foram mortos. Em 1932, estourou a guerra entre a Bolívia e o Paraguai, guerra que ocorreu, em grande medida, no coração do território indígena. Pode-se facilmente imaginar o efeito que teve sobre a vida das tribos esse confronto entre dois exércitos numerosos e bem equipados, que se estendeu por três anos. Forçados a abandonar suas aldeias para se refugiarem nas matas, os Chulupi perderam grande parte dos cavalos e ovelhas que criavam, a vida da tribo foi totalmente perturbada pela dispersão das famílias, e a fome se alastrou entre eles. Foi por isso que, depois que a vitória paraguaia restabeleceu a paz no Chaco, os Chulupi receberam um golpe mortal. Sua capacidade de resistência havia se esgotado durante os sucessivos combates contra as tropas bolivianas e argentinas, e o gosto de viver livremente segundo sua tradição deu lugar ao desespero. Assim, pouco a pouco, os índios aceitaram ficar sob a proteção — e a dependência — das missões católicas e protestantes que estavam se estabelecendo em seu território.

Atualmente, muitos Chulupi vivem ao redor das colônias menonitas de Filadélfia, no centro do Chaco. Muitos deles deixam o rio para buscar trabalho nas fazendas dos colonos. Mas também são muitos os que não quiseram deixar sua antiga terra. E, tanto nas aldeias independentes como nas que estão sob jurisdição das missões dos Oblatos de Maria Imaculada, a vida social de antigamente continua a animar, com suas festas, ritos e danças, a comunidade daqueles que querem permanecer Nivaclé, "homens", apesar da oposição sempre mesquinha e frequentemente ofensiva dos missionários. Último veículo da cultura, a língua continua a ser falada por todos os Chulupi, mesmo pelos jovens que se resignaram à cristianização e ao trabalho assalariado, temporário ou permanente. Quanto à "velha" geração (ou seja, os adultos com mais de quarenta anos), ela continua a viver e a sonhar como faziam os antigos, indiferente à unção da linguagem cristã e às miragens do mundo real. As mulheres preparam a chicha com a qual os homens se embriagam, os xamãs curam os doentes, os antigos guerreiros declamam suas façanhas ao redor do fogo e as jovens escolhem seus amantes durante as danças.

Por que os Chulupi puderam e souberam manter vivos diversos aspectos de sua cultura, certamente melhor do que outras tribos do Chaco? Parece que por duas razões. Primeiramente, trata-se de uma sociedade guerreira, isto é, a guerra pertence à sua própria substância, ao seu Si, e há séculos eles vêm cultivando um *ethos* de guerreiros, uma "ideologia" de agressividade, de não capitulação. Se considerarmos os Lengua, índios menos "ardentemente amantes do combate" do que os Chulupi, constataremos que eles sofreram muito mais fortemente o golpe do contato com os brancos, pois lhes faltava o espírito de resistência ativa que somente o orgulho guerreiro desenvolve. A segunda razão é natural, e não mais cultural: os Chulupi eram e continuam sendo a tribo mais numerosa do Chaco paraguaio. Atualmente, estima-se em 5 mil ou 6 mil pessoas a população desse grupo. É um número elevado, se o comparamos às estimativas dos outros povos, mas é pouco, se pensarmos que há sessenta anos os Chulupi eram certamente três vezes mais numerosos. De toda forma, foi por serem ao mesmo tempo numerosos e guerreiros que esses índios puderam sobreviver enquanto tais, e é da observação de sua vida cotidiana nas aldeias do Pilcomayo, entre julho e outubro de 1966, que nasceu o trabalho que se segue. Nenhum trabalho etnográfico escapa ao fato de que o material coletado dá a medida, sobretudo, daquilo que escapou. Nessa matéria não há saber absoluto, e ficaremos felizes se este texto contribuir para preencher essa lacuna para a qual Métraux atentou há vinte e cinco anos, quando, a propósito dos Chulupi, escreveu: "Eles receberam escassa atenção dos antropólogos e viajantes, apesar de terem mantido até recentemente sua cultura nativa praticamente intacta" (*Handbook of South American Indians*, tomo I, p. 236).

B.
MITOLOGIA[9]

---

[9] [Pierre Clastres não chegou a unificar inteiramente a transcrição dos termos chulupi, mas seguiu as seguintes convenções:
— apóstrofo (') indica oclusão glótica.
— "ch" se pronuncia "tch" (como em tcheco).
— "sh" se pronuncia "ch" (como em chimarrão).
— "h" é uma aspirada forte.
— todas as vogais são pronunciadas; "e" se lê "ê"; "u" se lê "ú". O trema (¨) indica as vogais abertas; o acento circunflexo (^) indica as vogais nasais.]
[A grafia dos termos chulupi utilizada por Clastres, por sua vez, já não corresponde à grafia atual de muitas palavras chulupi. (N. do T.)]

I.
ORIGEM DAS PLANTAS CULTIVADAS

M1. Nasuk

Antigamente, havia uma menina impúbere que arranhava a árvore Nasuk[10] toda vez que passava por ela. Um dia, ela teve sua primeira menstruação e, ao passar por Nasuk, arranhou-a novamente. Ela foi buscar água e, quando voltou, percebeu que no lugar dos arranhões escorria sangue.[11] Admirada, ficou ali, vendo o sangue escorrer, sem conseguir acreditar que uma árvore pudesse sangrar. Passados os três dias da menstruação da menina, à noite, Nasuk foi até a casa dela. Os cães começaram a latir. "Iéeh!", gritou a menina, "por que esse homem vem aqui, se não há nenhum outro homem em casa? Quem será? Algum *tsich'e*, algum demônio?".[12] Nasuk ficou furioso ao ouvir isso e, aproximando-se ainda mais da menina, disse-lhe:

---

[10] Nasuk é o *guayacan* (*Caesalpina melanocarpa*). Árvore com casca dura e resinosa, de cor cinza por fora e com manchas vermelhas por dentro.
[O manuscrito também apresenta a indicação: Nasuk, "o visitante". Tratar-se-á do sentido literal do termo?]

[11] No Chaco, como em muitas outras culturas ameríndias, as mulheres menstruadas são proibidas de buscar água ou de se banhar, sob risco de provocarem cataclismos (cf. M21). Elas devem permanecer sentadas o dia todo, com uma saia especial, não comem mel nem carne ou peixe, apenas vegetais silvestres ou cultivados. Nas famílias ricas (de grandes xamãs e guerreiros), a primeira menstruação é ocasião para uma festa de iniciação (uma das cerimônias mais importantes entre os Chulupi), durante a qual a menina recebe um "espírito". Meninas que há pouco ficaram menstruadas pela primeira vez podem participar da festa [cf. Documentos etnográficos].

[12] Os *tsich'e* são espíritos maldosos que incomodam as pessoas, sobretudo durante a noite.

— Vim até aqui porque toda vez que você vai buscar água, você me arranha. Eu sou o homem que você não parava de arranhar, e vim para você me ver, eu que você tanto desejava. Pois sempre que passava por mim, você dizia: "Como eu gostaria que esta árvore fosse um homem para ele se tornar meu marido!". Eis que estou aqui, vim realizar o seu desejo.[13]

— Mande-o embora! — exclamou a avó da menina. — Ele não é um homem, é um *tsich'e*! Não há homens aqui!

De fato, as duas mulheres viviam sozinhas. Nasuk, contudo, se deitou ao lado da menina.

— É muito estranho que um homem apareça aqui! — resmungou a avó. — Que tipo de homem será esse? Com certeza é algum *tsich'e*.

— Fique quieta, avó, não fale bobagem!

Nasuk fez amor com a jovem. No dia seguinte, disse-lhe:

— Pergunte a sua avó[14] se ela tem sementes de milho, abóbora, feijão e melancia para plantar. E também se possui sementes de cabaça e tabaco.

A menina falou com a avó e Nasuk fingiu que ia urinar só para escutar a resposta da velha.

— Avó! O homem[15] está perguntando se você tem sementes de milho, de abóbora, feijão, melancia, cabaça e tabaco, pois ele quer plantar.

---

[13] Geralmente, são as moças que escolhem seus amantes e fazem as primeiras insinuações. Para demonstrar ao homem que ela o deseja, a moça se coloca atrás dele durante a dança e arranha levemente o seu ombro. Quando escurece, o escolhido vai encontrá-la.

[14] Um homem nunca se dirige diretamente aos pais e avós de sua mulher: é ela que lhe serve de intermediária ou, quando ausente, um cunhado ou uma cunhada; mas sempre um aliado e nunca um estranho. As relações são extremamente distantes entre genro e sogros, que evitam ao máximo ficarem a sós.

[15] Os homens e as mulheres Chulupi nunca falam de seu cônjuge utilizando a expressão "meu marido, minha mulher", mas simplesmente "o homem, a mulher". Por outro lado, o emprego de nomes próprios possui regras estritas [cf. Documentos etnográficos].

— Mas como poderíamos ter tudo isso? E, mesmo que tivéssemos, ninguém iria plantar. Ninguém é capaz de plantar essas coisas!

Nasuk voltou para a casa e a jovem lhe disse em voz baixa:

— Minha avó deu uma resposta atravessada, mas eu vou buscar as sementes mesmo assim. Sei onde antigamente eles debulhavam o milho e onde há todos os tipos de semente.

— Quando chover, enxergaremos muito melhor. Agora tudo está escondido.

Naquela mesma noite, choveu torrencialmente. No dia seguinte, eles se levantaram cedo para buscar sementes. Encontraram as sementes da colheita do ano anterior e apanharam uma a uma. Faltavam-lhes somente as sementes de cabaça e de tabaco.

— Pergunte então a sua avó se ela tem sementes de cabaça.

— Eu não quero lhe perguntar novamente, porque ela pode ser muito grossa comigo.

— Onde há uma grande campina?

— Aqui perto há uma não muito grande, mas um pouco mais longe, há uma grande campina.

— Ótimo, vamos lá na grande.

Eles partiram. O homem ficou muito feliz: "É bonito este lugar, é grande! Sendo assim, você terá muito milho e poderá convidar todos os seus parentes. O milho não vai demorar para amadurecer. Sente-se aqui, mas fique de costas para a campina! Não olhe para trás enquanto eu trabalho!".

Ele pronunciou imediatamente o nome do bastão que servia para cavar:[16] *hokitas*! E surgiu uma grande quantidade de bastões, que num piscar de olhos limparam a campina de todo o capim que nela se encontrava. Em seguida, pronunciou o nome do redemoinho: *hohaktsini*! E imediatamente se formou um grande redemoinho, que levou embora todo o capim de uma vez só. Depois, nomeou a anta: *iekle*! E muitas antas surgiram, retirando os troncos

---

[16] Esse instrumento é feito com a madeira bastante dura e pesada da árvore *palo-mataco* (*Achatocarpus praecox*), que tem quase o tamanho de um homem. A parte utilizada é a extremidade, que tem a forma de uma espátula.

de árvore que restavam. Por fim, ele rapidamente plantou tudo o que possuía.[17] Então, chamou a rolinha e lhe pediu para trazer sementes de tabaco, que ela providenciou imediatamente, pois esse pássaro adora comer pequenos grãos. Feito isto, ele chamou a pomba, para que ela lhe trouxesse sementes de cabaça. Imediatamente ela levou-lhe as sementes. Após haver semeado tudo, Nasuk se sentou perto da mulher, pois queria que ela tirasse seus piolhos.

— Não se atreva a olhar para trás! — repetiu.

— Mas você não tem piolhos!

— Então espere um pouco que já vou providenciar.[18]

Ele se levantou e foi para baixo da árvore *shintinuk*, um garabato. Chacoalhou-a e as folhas caíram sobre seus cabelos. Ficou então com muitos piolhos e voltou a se sentar com sua mulher, que começou a procurar os insetos e a matá-los um a um. "Não olhe para trás!", repetiu o homem.

O vento já agitava as folhas das plantas que haviam crescido. Por volta do meio da tarde, Nasuk olhou as plantações, que já estavam quase maduras. Disse então à mulher: "Agora você pode olhar. Vá buscar milho, vamos assá-lo e comê-lo. Você colherá mais depois, para dar aos seus parentes". No entanto, era pleno inverno, uma época em que nenhuma planta cresce. A mulher trouxe as espigas, que eles assaram e comeram. Depois foram embora. Ela foi distribuir as outras espigas entre seus parentes. O primeiro a ser servido foi seu irmão mais velho:

— Minha irmã, onde você conseguiu este milho numa época dessas?

— O homem o plantou esta manhã.

---

[17] Diferentemente das tribos da floresta tropical, em que as tarefas agrícolas são divididas entre os sexos, no caso dos Chulupi, todo o trabalho agrícola (abrir a roça, plantar e mantê-la limpa, eventualmente capinar) é realizado pelos homens, e as mulheres se limitam a ajudar na colheita. Essa característica sugere uma influência andina.

[18] Para os índios, é muito prazeroso que suas esposas tirem seus piolhos. Nasuk os cria transformando as minúsculas folhas da árvore *garabato* (*Pisonia aculeata*), popularmente conhecida no Brasil como "espora-de-galo". (N. do T.)

— Então, tenha cuidado! Comporte-se bem com ele para que não haja nenhum problema entre vocês!

— Amanhã iremos colher o restante.

No dia seguinte, todos foram à roça, encheram as bolsas com o que colheram e voltaram.[19] Então Nasuk disse a sua mulher:

— Fale para a sua avó ir colher as cabaças que lhe agradam, para que faça colheres com elas.

— Avó, pegue suas cabaças preferidas e faça colheres com elas!

A velha foi. Ela queria apanhar uma cabaça, mas esta sempre se afastava dela. Quando a velha estava bem embaixo da cabaça, ela caiu sobre sua cabeça e a velha se transformou em *makok*, um sapo.

— O que aconteceu com a sua avó? — perguntou Nasuk. Certamente ela se transformou em um sapo porque não gostava da gente! Diga aos seus parentes que venham amanhã colher todo o milho que conseguirem. E diga à raposa para não quebrar os pés de milho. Ela já quebrou alguns e, se continuar assim, a plantação inteira vai voltar a ser floresta!

No dia seguinte, todo mundo voltou para a colheita, mas a raposa começou a quebrar os pés de milho novamente, para comer as espigas. Quando terminaram, juntaram todo o milho e o levaram embora. No dia seguinte, ao retornarem, encontraram apenas uma floresta. Toda a plantação foi perdida porque a raposa não obedeceu ao que haviam lhe dito.[20]

---

[19] Sistema de troca de produtos agrícolas em que o dono de uma plantação convida os outros a ajudar na colheita. "Amanhã vamos colher, venha colher a sua parte." Aqueles que vão têm o direito de encher quantos cestos quiserem, com a condição de que haja reciprocidade. Cf. M66 e M67, que ilustram respectivamente a boa conduta e a má conduta quanto a isso.

[20] Nas mitologias do Chaco, a raposa é um enganador [*trickster*]: ladrão de bens, filhos, esposas e, sobretudo, ladrão de identidades, mas é sempre desmascarado (cf. M2, M49, M50).

M2. Nasuk (variante)

Havia uma jovem que, toda vez que ia buscar água, arranhava a árvore Nasuk. Um dia, o homem foi procurar mel na floresta. A jovem o seguiu e se aproximou; ele estava no alto de uma árvore e, de baixo, ela o chamou. O homem lhe disse:

— Há muito tempo você me arranha todos os dias; então agora vou descer da árvore e ficar com você.

— Tudo bem! Você precisa apenas me colocar dentro de sua bolsa; escolha a mais bonita e coloque-me dentro dela.

A jovem continuou:

— Ao chegar em casa, pegue a melhor de suas bolsas: eu vou aparecer quando escurecer.

Quando anoiteceu, a jovem apareceu e imediatamente fez amor com o homem. Os pais dele ouviram o que estava acontecendo, mas não entenderam com quem ele estava falando: "Me pergunto com quem ele pode estar falando, pois nosso filho tem o costume de dormir sozinho".

O jovem permaneceu tranquilo durante muito tempo até que um dia a raposa acompanhou a jovem e roubou todos os seus ornamentos, suas pulseiras, seus colares, seu cinto e até mesmo sua saia.[21] A jovem se queixou do roubo dos seus ornamentos pela raposa e não queria mais voltar para a casa de sua sogra. Envergonhada, partiu para muito longe. Ela estava grávida e não sabia o que fazer. Tinha saudade do homem. Foi para bem longe, e nasceu seu filho. Mal havia nascido e ele já possuía um arco.[22] Quando ele cresceu um pouco, voltaram ao lugar onde estavam os outros. As pessoas começaram a repreendê-la:

— Por que, mulher, você tem um filho, você que é filha de um deus?[23]

---

[21] Comparar com M49: a raposa mata o beija-flor, rouba seus ornamentos e se faz passar por ele quando encontra sua esposa.

[22] Essa criança evoca um tema comum à mitologia de outras tribos do Chaco (sobretudo os Toba e os Mataco): o da criança miraculosa ou nascida em um pote, que possui uma flecha mágica (cf. Métraux, 1939 e 1946a).

[23] Trata-se do herói cultural chulupi, Fitso'oich. A tradução do seu no-

E os pais da jovem lhe perguntavam:

— Por que você voltou?

— Voltei porque levaram todos os meus ornamentos! Foi por isso que voltei.

Então, logo chegou também o marido. Todos gritavam: "O genro do deus está chegando!". Os pais da jovem mandaram seu filho buscar um carneiro para matá-lo e comê-lo, porém, conservando os ossos: "Coma a carne, mas não os ossos. Assim, a partir dos ossos um outro carneiro poderá se formar".[24]

Nasuk queria plantar. Ele foi encontrar sua bisavó materna e lhe pediu sementes:

— Meu filho — disse ela —, como você vai se meter a semear em pleno inverno? Como você vai semear com o frio que está fazendo?

Ela não queria lhe dar as sementes, mas o homem as apanhou e deu à jovem. Ele lhe perguntou:

— Há lugares desertos por aqui, onde possamos plantar?

— Mas é possível plantar num lugar deserto? — disse ela.

A velha não podia acreditar que as sementes brotariam, mas a mulher confiava no homem. Ela partiu levando um grão de milho. Jogou o grão e depois chamou a pomba, para que se ocupasse dele. Em seguida, chamou a aranha,[25] para que ela também cuidasse de um grão. Como havia os dois tipos de milho, também podiam plantar todas as outras sementes. Plantaram melancia,

---

me próprio é: "aquele que faz as coisas a partir do nada". Para o tradutor indígena do mito, o termo *dios* era o melhor equivalente de Fitso'oitch em língua espanhola. No entanto, são as palavras "feiticeiro" ou "xamã" que qualificam Fitso'oitch em outros mitos (cf. M10, M12).

[24] [Nesse trecho, Pierre Clastres indicou que faria uma nota, mas não encontramos em seus cadernos de campo nem a nota, nem qualquer indicação sobre as crenças chulupi a respeito dos ossos. Os Chulupi enterram seus mortos na floresta e não recolhem os ossos. Teriam eles praticado antigamente algum ritual de duplas exéquias? Métraux (1946b) assinala que esse rito existia, ainda que em vias de desaparecimento, entre os Mataco, grupo linguístico e culturalmente próximo dos Chulupi.]

[25] Aranha pequena e venenosa, semelhante ao grão de uma das variedades de milho conhecidas pelos Chulupi.

abóbora, de tudo um pouco. Quando tudo estava semeado, o homem disse à mulher: "Cate meus piolhos. Procure-os e não olhe para os lados, nem pra frente, nem pra trás. Se você olhar, nada irá crescer". Ela não olhou para lugar algum, e já podia escutar o barulho das folhas do milho sacudidas pelo vento. Então o homem disse: "Enquanto você não olha para trás, vamos assar milho". A tarde passou, ela não olhou em volta e eles assaram o milho.

Então a velha ficou completamente atordoada e confusa. Curiosa, ela entrou na plantação, pois queria apanhar uma grande melancia. Ela bateu com a cabeça numa grande cabaça, que caiu em sua cuca. E assim ela foi transformada em cabaça.[26]

M3. O primeiro milho

Um dia, uma jovem foi abandonada por seu marido e ficou sozinha na aldeia com sua avó.[27] Os demais moradores também tinham ido para a floresta, deixando ali as duas mulheres. Pouco tempo depois, apareceu um jaguar em forma humana. Ele se aproximou das mulheres e começou a se lamentar com a avó. Depois

---

[26] Note-se que essa versão, proveniente da mesma aldeia, mas de um outro narrador — dessa vez, uma mulher —, apresenta inversões em relação à precedente. Aqui, é a mulher que vai viver com Nasuk, ao contrário do que realmente se pratica: entre os Chulupi, a residência é matrilocal. Compare-se também esse mito com o M65, no qual se encontra a mesma inversão, relacionada ao mesmo tema: o da mulher escondida em uma bolsa.

[27] O tema das duas mulheres sozinhas, já presente no M1, aparece em muitos outros mitos. O casamento é bastante instável entre os Chulupi, sobretudo em se tratando de casais jovens e sem filhos — quando a separação pode ocorrer sem problemas —, e tanto o homem como a mulher podem rompê-lo. De maneira geral, as relações homens/mulheres são particularmente conflituosas nas sociedades do Chaco, e produzem-se contendas em que as mulheres se unem contra os homens (a sequência do mito alude a essa situação). Por sua vez, a avó materna tem um papel importante nessa sociedade matrilinear e matrilocal: é ela quem educa a criança e é consultada para a escolha do nome.

de chorar com a velha, as mulheres lhe deram rãs assadas. Ele comeu e falou para a avó: "Diga a nossa neta para me trazer água, porque estou com sede". Mas a jovem não quis lhe dar água. O jaguar tentou devorá-las, mas elas estavam atentas.

O homem foi embora e a jovem afastou os ramos da parede da casa para olhá-lo. Logo que se distanciou um pouco, ele se pôs de quatro e começou a andar, transformado novamente em jaguar. A jovem alertou a avó: "O homem com quem você estava chorando não era ninguém menos que o jaguar!". Então a velha disse à sua neta: "Nesse caso, me leve agora mesmo por todos os caminhos que eu costumo percorrer para buscar lenha, para que o jaguar não possa me encontrar; em seguida, procure um buraco onde você possa me esconder e tape-o com uma casca de árvore. Feito isto, vá correndo encontrar os que foram para a floresta!".

A jovem fugiu, olhando sempre para trás. Ela caminhou para longe da aldeia e se aproximou do lugar onde se encontravam os Chulupi. Os homens estavam fazendo uma competição de arco e flecha.[28] Ela se aproximou e começou a gritar, pedindo-lhes ajuda. Alguns homens ouviram o pedido de socorro, olharam em volta e a viram chegar. Ela se atirou no meio deles e desmaiou de cansaço a seus pés. Os homens perceberam que o jaguar vinha atrás dela.

Depois de matarem o jaguar, os homens voltaram a jogar, até se cansarem. Porém, aquilo não agradava a seus parentes e esposas. Eles pediram água para beber, mas as mulheres se recusaram a lhes dar. Então o chefe se enfureceu e ordenou a seus homens que fizessem um círculo de fogo e ficassem no centro: "Assim", disse ele, "as mulheres vão rapidamente perceber a falta que fazemos a elas". O homem-*potseh* pulou no meio do fogo e, desde então, esse pássaro tem o pescoço vermelho.[29] Desde essa época, ele tem

---

[28] Trata-se de acertar com as flechas uma pequena corda esticada a dez ou onze metros dos atiradores.

[29] *Potseh* é uma cegonha. Talvez a *Euxemura maguari*, cuja garganta, desprovida de plumas, é vermelha.

[É possível que *potseh* se refira ao tuiuiú, também conhecido como jaburu (*Jabiru mycteria*), pássaro de pernas longas e bico comprido, corpo branco e cabeça preta, com uma faixa vermelha no pescoço. (N. do T.)]

esse nome e está condenado a comer peixe. Os outros homens também se jogaram no fogo e ganharam nomes de pássaros que comem peixe. Eles subiram para o céu. Então, as mulheres lhes pediram água, mas o homem-*potseh* disse aos outros: "Não deem água pra elas; vamos deixá-las olhando pra cima!".[30] Foi a partir desses acontecimentos que ele ficou com o nome de chefe dos pássaros.[31]

Ele foi o primeiro a trazer, de outro mundo, as sementes de milho, de melancia, de abóbora e de cabaça. Ele as preparou, secou-as e as colocou na terra. E desde essa época nós conhecemos essas sementes, as cultivamos na terra, plantamos o milho.[32]

M4. O PRIMEIRO MILHO (variante)

Um dia, todos os habitantes de uma aldeia saíram à procura de um novo lugar. Um jovem decidiu abandonar sua mulher que, com raiva, ficou sozinha na aldeia com sua avó. Na nova aldeia onde decidiram ficar, os homens treinavam arco e flecha. Nesse mesmo dia, chegou à antiga aldeia um jaguar em forma humana. Ele se aproximou da velha e as duas mulheres começaram a lamentar seu triste destino de mulheres abandonadas. O jaguar também começou a chorar. Mas, pela maneira como ele chorava, as mulheres viram que não era um homem. A velha lhe perguntou:

---

[30] Comparar com M22, em que a mãe e as irmãs de uma jovem menstruada se recusam a lhe dar água e ela se transforma em pássaro.

[31] Em alguns mitos toba sobre o dilúvio, o pássaro *potseh* também é apresentado como um chefe poderoso, que transforma em pássaro aqueles que fizeram algo de errado. Sobre os homens-pássaros, cf. M29, M30.

[32] Os Chulupi dão a esse mito, que relaciona as plantas cultivadas aos pássaros aquáticos (e aos três planos superpostos, água/terra/céu), o título: "Como os homens encontraram o primeiro milho". M4, que é uma variante à qual falta o episódio final, é tida como uma narrativa diferente e possui outro título.

— *Ish'aa*,[33] você não gostaria de comer rãs?
— Adoraria! Tenho o hábito de comer rãs sempre que chove.
Ele comeu as rãs. Em seguida, a velha lhe perguntou:
— Você não quer comer farinha de algaroba também?[34]
— Sim, tenho vontade.

Mas, como os dentes do jaguar, diferentemente dos nossos, são desiguais, a farinha caía de sua boca enquanto ele mastigava. A moça se deu conta de que não era um homem. *Foo! Clo! Clo! Clo!*, era o barulho que a farinha fazia quando caía para fora. O jaguar se sufocava com a farinha, pois não sabia comer direito. Tinha muita sede, mas as mulheres não lhe deram água. A velha pensava em como fazer para se livrar daquele homem. Ela lhe disse:

— Escute, *ish'aa*! Nós não temos coragem de ir buscar água, pois há muitos jaguares por aí.
— Não, não há jaguares por aqui, eles estão muito longe.

Ele foi buscar água e, logo que saiu, a velha disse à jovem: "Vá e repare em como ele anda". A jovem o seguiu. No início, ele caminhava como um homem, mas, quando se afastou, inclinou-se e começou a caminhar como um jaguar. Então a velha disse:

— Minha neta, o que vamos fazer?
— Quanto a mim, eu vou fugir.

Ela escondeu sua avó em um buraco e o tapou com um grande pedaço de casca de árvore: "Agora vá embora correndo", disse a velha, "e encontre os outros o mais rápido possível". Quando o jaguar voltou para a casa, já não havia mais ninguém: "Que pena! Elas escaparam! Por que eu não as comi antes?".

---

[33] *Ish'aa* é um termo preciso de parentesco que indica o marido da irmã ou a mulher do irmão, quando eles ficam viúvos. Se minha irmã morre, eu não me dirijo mais ao seu marido chamando-o de "cunhado", mas de "*ish'aa*". A mesma coisa em relação às mulheres. É um termo de luto, que permanece para o resto da vida. *Ish'aa* também é utilizado pelas moças com o sentido de "amiga", ou para falar com um estranho, como é o caso aqui, em que *ish'aa* significa amigo, companheiro. Na terminologia chulupi de parentesco, alguns outros termos também mudam quando aquele a quem se aplicam está de luto.

[34] Algaroba: *Prosopis alba* e *Prosopis nigra*.

Enquanto isso, a moça dava voltas e mais voltas pelo mato, percorrendo todos os caminhos que as pessoas haviam aberto ao ir fazer suas necessidades. Dessa maneira, ela ganhava tempo, enquanto o jaguar, rugindo "Hum! Hum! Hum!", seguia seus rastros. Ela corria. Na aldeia, os homens treinavam arco e flecha e faziam muito barulho. Algumas pessoas que estavam um pouco mais afastadas do grupo de homens, ao ouvirem o grito da jovem, pediram silêncio aos demais. Assim, eles conseguiram escutar de fato o grito da moça. Eles escutaram também os grunhidos do jaguar que se aproximava, "Hum! Hum! Hum!", e disseram: "Sim! É a menina que está chegando!".

— Protejam-me do jaguar — gritava ela. Quando os homens preparavam seus arcos para atirar, a jovem desmaiou de cansaço. O jaguar estava ali. Os homens o flecharam e mataram. O sogro da jovem brigou com ela: "Mas por que você não quis vir com a gente?". O jaguar morreu e a jovem se salvou.

M5. Origem do tabaco

Antigamente, havia uma família composta por um homem, uma mulher e seus seis filhos. Essa família vivia isolada. Um dia, a mulher e seu marido foram desaninhar periquitos, cujos filhotes eles queriam comer. O homem subiu no topo de uma árvore. Ele começou a tirar os filhotes dos ninhos e jogá-los para baixo, para que sua mulher os matasse. Mas ela, ao invés de matar os passarinhos e colocá-los em sua bolsa, pegava-os e comia suas cabeças, cruas. O homem não percebeu o que sua mulher estava fazendo. Enquanto isso, ela nutria más intenções em relação a ele. Quando quis descer, ele precisou de ajuda para não cair, pois o tronco era liso. E enquanto descia, a mulher aproveitou para agarrá-lo pelos testículos e puxou até arrancá-los. O homem morreu. A mulher colocou os testículos do seu marido na bolsa e foi procurar raízes de caraguatá.[35] Ela as assou junto aos testículos, para que seus fi-

---

[35] Caraguatá: *Bromelia* sp.

lhos os comessem como se fossem raízes. Com a mulher estava seu filho mais novo, que viu tudo o que tinha acontecido.

Assim que chegaram em casa, o menino foi correndo contar aos seus irmãos tudo o que a mãe havia feito: "Ela fez algo terrível com nosso pai!", disse ele. "Ela o agarrou pelos testículos e o matou". As crianças começaram a ter medo da mãe, e deliberaram:

— E agora, o que vamos fazer?

— A única solução — disse o mais velho — é matar a nossa mãe. Do contrário, ela vai acabar com todos nós!

Muitos não queriam fazer isso, pois tratava-se de sua mãe, mas acabaram se convencendo, pois ela era perigosa para eles: "Pouco importa, nós vamos matá-la". No dia seguinte, eles fabricaram arcos e flechas. Quando as armas ficaram prontas, aproximaram-se da mãe, que estava dormindo, flecharam-na e em seguida a mataram a pauladas. Depois, juntaram uma grande quantidade de lenha sobre um montículo e fizeram uma pira, sobre a qual colocaram o corpo da mãe. Atearam fogo e queimaram o cadáver da mulher, abandonando o local em seguida.

Muito tempo depois, os *Soonhahlai*, "aqueles que mataram a própria mãe", lembraram-se dela e foram visitar o lugar onde ela tinha sido queimada. Mas não havia mais nada ali, exceto algumas lindas plantas com folhas grandes, que haviam crescido no local da pira: "O que é isso?", perguntaram-se os *Soonhahlai*. Eles as cheiraram e queimaram, sentindo o perfume agradável que suas folhas exalavam. Começaram então a enrolar tiras dessa planta com a folha de uma outra e a fumar.[36] Gostaram muito do sabor. Desde então, os Chulupi conhecem o *finok*, o tabaco.[37]

---

[36] Na verdade, os Chulupi, que são fumantes inveterados, fumam tabaco não em cigarros, mas em cachimbos cilíndricos de madeira.

[37] A associação do tabaco à execução de uma mulher canibal e à queima do cadáver encontra-se em outros grupos do Chaco. Os Toba têm um mito muito semelhante, mas entre eles é o herói cultural Carancho (uma espécie de falcão) que mata a ogra.

Origem das plantas cultivadas

II.
HISTÓRIAS NATURAIS

M6. Origem da cor dos pássaros

A grande águia Stabu'un era um caçador de homens. Todo dia, quando os índios saíam para caçar, ela raptava um — justamente um caçador —, matava-o e o levava para casa, onde tinha muitos filhos.

Na aldeia, os homens estavam bastante irritados, pois não sabiam como tantas pessoas desapareciam. Mas, um dia, um deles percebeu que era Stabu'un o matador de caçadores. Era muito difícil caçar esse pássaro, pois ele era muito forte, era quase impossível matá-lo. Eles se perguntavam quem conseguiria matar Stabu'un. Escolheram Ahtita,[38] que logo começou a pensar em como atingi-lo.

De tanto refletir, ele teve a ideia de se transformar. Pintou o rosto com a tinta vermelha de um fruto e foi até a casa de Stabu'un, que naquele momento não estava. Ahtita falou com os filhos de Stabu'un, que eram pessoas jovens. Eles estavam atirando flechas com o arco em uma corda esticada e eram muito hostis com estrangeiros. Ahtita, contudo, permaneceu humilde e tranquilo.[39]

---

[38] Foi impossível identificar Ahtita. Segundo alguns informantes, Ahtita não existe, segundo outros, ele existe, mas é um pássaro impossível de ver. Quanto a Stabu'un, que nosso informante traduziu por "condor", os Chulupi dizem que é o maior pássaro predador que eles conhecem, mas que quase nunca é visto: só um velho Chulupi, famoso caçador, o avistou uma vez. Trata-se, certamente, do grande condor dos Andes (*Vultur gryophus*), que não é uma águia, mas um urubu.

[39] Essa é a atitude adotada ao se chegar a uma aldeia estrangeira. Com-

Eles o viram chegar e um deles gritou: "Um homem está chegando! Vamos matá-lo!". Três deles foram em sua direção, mas Ahtita não teve medo. Continuou a caminhar tranquilamente e os cumprimentou. Os filhos de Stabu'un viram então que ele era um homem corajoso, e, além disso, tinha um rosto muito bonito, lindamente pintado.[40] Admirados, tiveram piedade dele e desistiram de matá-lo. Foram encontrar os demais, que se indignaram:

— Por que vocês não o mataram?

— Porque ele é um homem corajoso, com um lindo rosto! Por que vocês não vão vê-lo também?

— Que importância tem se ele é bonito ou feio? — retorquiram os outros. — Vamos matá-lo!

E foram. Porém, ao chegarem perto de Ahtita, também tiveram piedade dele, e um deles lhe perguntou:

— De onde você tirou essa tinta tão bonita?

— Da minha língua. Eu a mordi e, com o sangue que dela saiu, pintei meu rosto.

— E você não faria isso para a gente também?

— Se vocês quiserem, posso cortar a língua de vocês também. Vocês vão cair no chão como mortos, mas isso é mera aparência, pois logo em seguida se levantarão novamente.

— Muito bem! — disse um deles. — Então pode cortar a minha língua.

E assim Ahtita o fez. Cortou sua língua e ele caiu. Ahtita começou a pintar o seu rosto e fez o mesmo com todos os outros filhos de Stabu'un, com exceção do filho mais velho, que começou a se inquietar:

— Mas eles estão mortos!

---

parar com M57, em que encontramos o mesmo tema: o desconhecido que se deseja matar, mas do qual se tem piedade em razão de sua humildade.

[40] Para os Chulupi, como para muitos outros grupos indígenas, o vermelho é a cor da sedução. Cf. M28: é por ter pintado o rosto de vermelho que o pescador seduz, involuntariamente, as meninas da água, e é levado por elas para o fundo do rio. Para os Chulupi, as pinturas, as roupas e os ornamentos são como uma metamorfose (cf. M2, M10 e M26, nos quais as mulheres se transformam assim que se cobrem com uma saia).

Histórias naturais

— Não — disse Ahtita —, eles não estão mortos.

Mandou então um passarinho se esconder debaixo do corpo do primeiro que ele havia matado e mexer suas asas: "Olhe aquele ali! Ele está prestes a se levantar!". O filho mais velho se convenceu e Ahtita o matou também, ficando muito contente.

Depois disso, Ahtita foi encontrar a esposa de Stabu'un, que era um urubu, e disse-lhe:

— Avó! Eu matei todos os filhos de Stabu'un!

— Mas por que você fez isso? Você não sabe que o pai deles é muito mau?

— Mas eu também sou muito mau! Consegui matar todos os filhos dele. Escute, não me traia! Vou me esconder, mas não conte imediatamente a Stabu'un. Quero que ele se canse um pouco. Mande-o primeiro para os quatro cantos do mundo; e só depois lhe indique o meu esconderijo.

Ahtita se escondeu embaixo da terra, em um buraco de formiga que havia perto da casa. Primeiro, cobriu-se com uma grande quantidade de borboletinhas, depois com borboletas maiores e pequenos lagartos e, em seguida, com uma porção de pequenas serpentes. Por cima de tudo, colocou uma teia de aranha. Nesse momento, começou a soprar um vento muito forte, indicando que Stabu'un se aproximava. Já perto da casa, ele se surpreendeu com o silêncio que ali reinava: "Por que está tudo tão silencioso? Normalmente, quando eu chego, logo escuto a gritaria dos meus filhos. O que será que aconteceu?".

Ele desceu para sua casa fazendo muito barulho e deixou cair um homem que havia caçado: *piim*! Perguntou a sua mulher: "Quem foi que matou meus filhos?". "Não sei quem os matou!" Ele ameaçou matá-la se ela não dissesse quem era o assassino de seus filhos. Ela tinha medo dele, e então lhe disse para ir procurar o assassino no extremo sul. Stabu'un partiu e rapidamente chegou ao extremo sul, mas não encontrou nada ali. Voltou e novamente a ameaçou. "Agora, vá para o extremo norte", ela o aconselhou. Assim, ela o fez voar pelos quatro cantos do mundo, mas sempre em vão. Stabu'un lhe disse então: "Se você não me disser agora, eu vou matá-la!". Ahtita estava ali perto, escondido em seu buraco.

A mulher mostrou, com seu indicador dobrado, que ele precisava subir ao céu para ver lá de cima onde Ahtita estava escondido. Stabu'un ergueu-se no ar, avistou uma coisa branca e desceu ao seu encontro. Eram serpentes. "É isso?", perguntou à sua mulher. "Talvez", disse ela. Ele matou então todas as serpentes. Cavou um pouco mais e descobriu os lagartos, que também foram mortos. Encontrou em seguida as borboletas, que voavam por todos os lados. Aproveitando que Stabu'un estava ocupado tentando matá-las, Ahtita escapou, e, quando Stabu'un se deu conta, ele já estava voando longe dali.

Stabu'un começou a persegui-lo. Ahtita não era tão resistente quanto seu inimigo, que se aproximava cada vez mais. No momento em que Stabu'un ia alcançá-lo, Ahtita se transformou em orvalho e Stabu'un começou a pisar no chão e a bater na terra com uma borduna, tentando matá-lo. Ahtita, contudo, escapou novamente e, quando Stabu'un se deu conta, ele já estava bem longe. Stabu'un começou a persegui-lo novamente e, quando estava prestes a alcançá-lo, Ahtita se transformou em uma flor-do-campo. Stabu'un começou a pisar nas flores e a esmagá-las, mas Ahtita já não estava lá.

A perseguição continuou e então Ahtita pediu socorro à árvore *palo-borracho*:[41]

— Minha avó, proteja-me de Stabu'un! Ele quer me matar!

— Eu não posso — respondeu a árvore, queixando-se. — Sinto dor em uma das pernas. Vá falar com sua avó *palo-santo*,[42] ela o defenderá!

Ahtita pediu então ajuda ao *palo-santo*, mas ele também não se sentia bem e lhe disse:

— Melhor ir ver o *palo-mataco*,[43] sua avó! Ela o protegerá.

Ahtita se apressou:

— Avó, proteja-me de Stabu'un, ele quer me matar!

---

[41] *Samu'u*, "*palo-borracho*".

[42] *Palo-santo* (na língua chulupi, *ho'ok*): *Lignun vitae*.

[43] *Palo-mataco*: *Achatocarpus praecox*.

— Venha! Vou protegê-lo!

A árvore se abriu e Ahtita rapidamente passou por dentro dela e saiu do outro lado. Stabu'un, que vinha logo atrás, também quis atravessá-la, mas a árvore se fechou e Stabu'un ficou preso: foi assim que ele morreu.

Depois de todas essas façanhas, Ahtita ficou completamente esgotado e permaneceu durante muito tempo moribundo. Quando recuperou sua força, a avó lhe disse:

— Meu neto, levante-se! Seu inimigo morreu, veja! Agora você pode fazer o que quiser com ele!

Então Ahtita arrancou uma pena de Stabu'un e a colocou na cabeça. Em seguida, foi à casa da viúva de Stabu'un e lhe disse:

— Avó! Cate os piolhos que tenho na cabeça.

— Sim, mas antes disso você precisa colocar meus olhos de volta no lugar.

Antes de sair de casa, Stabu'un sempre retirava os olhos de sua mulher, para que ela não visse o que ele fazia e o que trazia das caçadas. Os olhos estavam pendurados por ali e Ahtita os devolveu à viúva. Ela começou então a catar seus piolhos e notou a pena que ele tinha na cabeça:

— Eu conheço essa pena, onde você a encontrou?

— É do seu marido, que eu matei hoje!

— Mas como isso é possível? Como você matou um marido tão poderoso?

Então Ahtita anunciou a todo mundo que tinha conseguido matar seu inimigo. Todo mundo se reuniu para escolher um homem capaz de ir ao lugar onde estava o cadáver de Stabu'un. Primeiro, enviaram o beija-flor, mas ao invés de ir aonde lhe haviam dito, ele parou no meio do caminho em uma planta cheia de flores e penetrou uma delas. Ficou por ali, comendo pólen. Depois do beija-flor, enviaram a pomba, mas ela também retornou sem ter chegado ao destino. Decidiram então enviar uma outra espécie de pomba, menor e que voava mais rápido. Mas ela tampouco chegou até o cadáver de Stabu'un. Um tipo de falcão, que voa muito devagar, dispôs-se então a ir. As pessoas reclamaram: "Mas você não vai conseguir! Você é lento demais!". "Eu vou conseguir, sim!" Ele alçou voo e chegou ao lugar onde estava o morto. Ao chegar, ele arrancou uma grande pena de Stabu'un e fez um apito com ela. Ele começou a apitar no caminho de volta, muito antes de chegar à aldeia. As pessoas diziam: "Com certeza é ele que está chegando!". Quando chegou, as pessoas pediram para a tartaruga se aproximar também. Mas ela se deparou com um tronco no caminho que não conseguia cruzar. Ela ia e vinha por todo lado, enquanto todos os outros passavam. É por isso que, desde então, a tartaruga não tem carne.

Todo mundo ia ver Stabu'un. Essas pessoas eram homens, não pássaros. Elas contemplavam o cadáver de Stabu'un. Todos queriam furar o corpo para atingir o sangue, mas nenhum deles conseguia. Como já era um pouco tarde, um chefe disse: "Não vamos cortá-lo agora, faremos isso amanhã e distribuiremos seu sangue e sua carne para todo mundo". Durante a noite, contudo, Tsni'ni (uma variedade de pica-pau) veio se deitar perto de Stabu'un e começou a bicar o cadáver. Alguns homens perceberam sua manobra: "Atenção! Tsni'ni está aprontando uma das suas!". Alguns foram verificar, mas Tsni'ni fingiu que estava dormindo. "Não, não é ele! Ele está dormindo!" Mas, assim que todos adormeciam, Tsini'ni voltava a bicar o cadáver, até que o furou e seu sangue começou a jorrar. Então, todo mundo acordou e começou a se pintar com ele.

Os pássaros que hoje em dia são muito coloridos são aqueles que receberam muito sangue. Enquanto se pintavam, atribuíam-se também seus nomes: "Eu sou tal pássaro". "E eu sou aquele outro!" Foi assim que surgiram todos os pássaros que existem hoje. O papo de Tsini'ni é salpicado de pontos vermelhos: são as gotinhas de sangue que espirraram sobre ele. Já os pássaros que são brancos, são assim porque não conseguiram nem um pouco de sangue, e apenas rolaram nas cinzas.

M7. As duas periquitas

Antigamente, havia duas periquitas irmãs que toda noite ouviam um homem cantar. Um dia, elas decidiram ir procurá-lo, pois ele cantava realmente muito bem.[44] Nas noites seguintes, ele as seduziu ainda mais com o seu canto. No dia seguinte, elas foram encontrar Iunutah, a *chuña*,[45] e lhe perguntaram: "É você que canta todas as noites?". "Sim, sou eu." As periquitas pediram então que ela cantasse, e Iunutah o fez. "Mas não é essa a voz que escutamos!", exclamaram. Seguiram viagem e chegaram ao lugar onde estavam os outros pássaros cantores. Elas se aproximaram do *calandria*[46] e lhe perguntaram:

— É você que canta todas as noites?
— Sim, sou eu.
— Então cante para nós!

Kustah começou a cantar, mas elas não se convenceram de que fosse ele. Então o pássaro disse: "Esperem! Eu conheço um outro canto, muito diferente do primeiro!", e começou a cantá-lo. Mas as duas periquitas lhe disseram que não era ele o homem que procuravam. Elas retomaram sua busca e chegaram à casa do *jilguero*:[47]

— É você que canta todas as noites?
— Talvez, não sei. Tenho o costume de cantar às vezes.
— Estamos procurando um homem que canta muito bem.
— É verdade, eu sou cantor, mas não canto muito bem. Tenho uma voz ruim, acho que não sou eu que vocês buscam. Meus cantos são muito desagradáveis.[48]

---

[44] Os Chulupi apreciam muito o canto — modulação sem palavras, acompanhada ou não de instrumento rítmico. Como todos os índios do Chaco, eles lhe atribuem um grande poder mágico, e cantar bem é a arte xamânica por excelência. Contudo, mesmo não sendo xamãs, homens e mulheres podem ter um canto mágico pessoal, que cantam em muitas ocasiões, muitas vezes por horas a fio.

[45] *Cariama cristata* (um tipo de grou).

[46] *Mimus saturninus* (uma cotovia).

[47] *Sicalis flaveola* L. (um pintassilgo).

[48] A modéstia calculada do *jilguero* é uma característica psicológica dos próprios Chulupi.

— E por que você não canta um pouco para a gente?

Ele cantou e, quando terminou, as duas periquitas exclamaram: "É você!". Então a mais velha das irmãs disse ao *jilguero*: "Já que o encontramos, você irá se casar com minha irmã caçula". Mas elas continuariam vivendo juntas.

Eles viveram juntos por muito tempo. Um dia, enquanto comiam, as duas mulheres começaram a observá-lo e perceberam que as têmporas do *jilguero* se moviam. A irmã mais velha disse à mais nova: "Você nunca percebeu que as têmporas do seu marido se mexem enquanto ele come? Irmãzinha, você nunca percebeu que seu marido tem vermes nas têmporas?". Mas ela se recusava a acreditar: "Vou verificar quando comermos de novo". Na refeição seguinte, ela viu que de fato as têmporas do seu marido se mexiam. Então, elas o abandonaram e foram viver em um lugar onde havia outras mulheres, que logo lhes perguntaram por que é que tinham abandonado o marido: "Nós o abandonamos porque ele está cheio de vermes. Ele vive cheio de vermes!". Quando soube disso, o *jilguero* se irritou.

Um dia, as duas periquitas se observaram enquanto comiam, e viram que as suas próprias têmporas também se moviam. Então se arrependeram: "Somos todos parecidos! É uma pena que você tenha abandonado injustamente seu marido!", disse a mais velha. Elas quiseram voltar para o marido, mas ele as recusou, dizendo para a mais nova: "Por que eu a aceitaria de volta, se você não me amava?".

M8. Origem dos porcos-do-mato

Logo depois de ter observado o ritual de luto pela morte do seu filho, um homem começou a comer raízes de caraguatá na companhia de alguns de seus netos. Comeram durante a noite toda, e sua mulher lhe dizia: "Quando é que você vai parar?". "Só me resta mais uma!" A velha adormeceu. De manhã cedo, ela acordou e perguntou novamente ao marido: "Quando é que você vai parar?". Ele quis responder, mas foi um grunhido de porco que se ouviu:[49] "Oinc! Oinc! Oinc!". "Mas o que você está fazendo?", gritou a velha. Ele tentou responder novamente, mas agora o que se ouviu foi o verdadeiro grunhido do porco: "Grrr! Grrr! Grrr!". Nesse mesmo momento, todos os netos que estavam com ele também se transformaram em porcos-do-mato, e atravessaram a aldeia em bando: todos, meninos e meninas, transformados em porcos.

Quando viu essa numerosa tropa de animais, uma velha saiu de sua casa para matar os porcos com um pilão e, ao acertá-los, pronunciou o nome do tamanduá: Svuklah!. Então ela se transformou imediatamente em tamanduá, e seu pilão, no longo focinho desse animal. Outros índios chamaram os porcos gritando: Hukanoho!, e imediatamente se transformaram nesse animal. Outros moradores da aldeia também foram transformados em porcos negros, pois eles tinham tentado matar os porcos maiores.

É por isso que essa espécie é tão numerosa: na verdade, quase todos os habitantes da aldeia se transformaram em *woho* e *wokaklei*, porcos-do-mato grandes.[50] É por isso também que os porcos da espécie menor não são tão abundantes, pois poucas pessoas pronunciaram seu nome. Tampouco há muitos tamanduás, pois somente algumas velhas que pronunciaram seu nome se transformaram nesse animal. O traseiro dos tamanduás é o almofariz das mulheres velhas.

---

[49] Quando um homem está de luto por seu filho, ele pinta completamente o rosto de preto. Durante toda a noite, ele deve afiar os instrumentos, machados, facas etc., que as pessoas da aldeia lhe trazem. O luto inclui, além disso, proibições voluntárias: um homem pode decidir não mais fumar, não mais comer essa ou aquela comida — no mito, ele não deve mais comer caraguatá. Se não respeita sua própria promessa, ele se transforma em animal. Se, por exemplo, ele promete não ter mais filhos e, no entanto, os tem, estes se transformam em animais. Essas promessas, feitas dois ou três anos depois da morte de um filho ou filha, têm um caráter definitivo. "Cerimônia de luto" se diz *ivoklon*, que significa juramento.

[50] Segundo os Chulupi, há duas variedades da maior espécie de porco-do-mato (*Tayassu albirostris*): *woho* e *wokaklei*. A menor espécie (*Tayassu tayassu*) é denominada *hukanoho*.

M9. Voiti e Shimbo'o[51]

Voiti era um homem que tinha o costume de fazer coisas misteriosas, que os outros desconheciam. Foi depois que ele se casou com uma moça bonita que surgiram seus poderes. Ele nunca deixava a mulher sozinha em casa; quando ia coletar mel na floresta, sempre a levava com ele.[52] Ele sempre tinha consigo um pouco de cera de *voiti* e, quando encontrava um cacto suficientemente grosso, colava nele um pouco dessa cera. Então, as abelhas *voiti* imediatamente apareciam e começavam a trabalhar. Ele chamava sua mulher, dizendo-lhe que havia descoberto uma colmeia de *voiti*. Abria-a e enchia uma ou duas bolsas com mel.[53]

Já Shimbo'o não era assim: ele não sabia fazer coisas extraordinárias. E enquanto Voiti coletava seu mel, Shimbo'o não conseguia nada. Ele era um homem muito grande, mas pouco experiente. Voiti, ao contrário, era pequeno, de pele clara, com cabelos muito bonitos. Seus sogros e cunhados estavam muito satisfeitos: "Esse sim é um cunhado que cuida bem de nossos parentes!", diziam eles.[54] Shimbo'o queria fazer a mesma coisa que Voiti. Também levou sua mulher para a floresta, mas não encontrava mel, ou apenas um pouco, enquanto Voiti já havia enchido todas as suas bolsas tão logo o sol despontava no horizonte.

---

[51] Voiti e Shimbo'o são duas das numerosas espécies de abelhas que os Chulupi conhecem.

[52] O homem que vai procurar mel leva sua mulher somente se tem absoluta certeza de que vai encontrar, para mostrar a ela que é um excelente coletor de mel. Ele ficaria constrangido se levasse sua mulher e voltasse sem o mel.

[53] O mel é coletado e conservado em grandes bolsas cilíndricas (*fte'ech*) feitas com pele de veado ou de algum roedor.

[54] Em razão do padrão de residência matrilocal (os filhos homens quando se casam saem de casa), o sustento da casa depende em grande medida dos genros [cf. Documentos etnográficos]. Por sua vez, na hierarquia dos alimentos, o mel é muito valorizado. Os Chulupi medem o valor dos jovens por sua capacidade de descobrir colmeias na floresta e certamente não admitiriam como genro um péssimo coletor de mel.

Um dia, Shimbo'o não encontrou nada; ele e sua mulher estavam famintos, quando ela, furiosa, decidiu voltar para casa: "Já faz tempo que Voiti voltou com bolsas cheias de mel, e as bolsas de Shimbo'o estão sempre vazias!", resmungava ela. Era primavera, quando o arbusto *shintinuk* floresce, e Shimbo'o voltou sozinho à floresta. Ele colheu flores desse arbusto e encheu com elas suas bolsas. Depois urinou nelas, e tudo isso se transformou num excelente mel. Ele voltou para casa, e sua mulher muito se surpreendeu ao ver o marido voltar com as bolsas cheias de mel:

— Onde você encontrou todo esse mel? E por que você encontrou tanto mel justamente quando eu não estava com você? Por que somente agora, sendo que durante o dia inteiro você não conseguiu encontrar nada?

— Eu encontrei uma grande árvore, um quebracho-branco: nela havia muito mel. Eu chamei você por muito tempo!

— Ah! Eu escutei seus chamados! Mas, como você não encontrou nada o dia inteiro, não dei atenção. Você tem o costume de se vangloriar dizendo que é melhor do que Voiti, mas, na verdade, é muito pior.

Alguém havia visto Shimbo'o urinar sobre as flores, mas o mel era de fato muito bom, muito doce.

III.
COSMOLOGIAS

M10. Origem da escuridão

Um índio havia feito o dia. Mas ele havia feito apenas o dia, e não a noite. E era sempre dia, dia, dia, durante muitos e muitos anos. O sol não se movia; ele ficava sempre no mesmo lugar, no zênite. Os Chulupi deliberaram: "Onde estão aqueles que sabem fazer as coisas? Onde estão os *tôoie'eh*, os xamãs? Por que eles não acabam com o dia? Nós não conseguimos dormir! E sofremos muito com tanto sol e calor! Por que os feiticeiros não fazem a noite, para que com ela possamos nos refrescar, para que possamos dormir um pouco? Será que eles vão fazer a noite? Que a façam, para que o sol tenha seu caminho, e a noite também!". Então os xamãs responderam: "É verdade, precisamos mudar o sol de lugar. Vamos tentar!". Eles começaram a construir uma coisa feita de madeira, ignorava-se o que era: algo que chegava até o sol e que fazia sombra, como se viu. O sol começou a se mover e, guiado por essa coisa, desapareceu no horizonte. Veio, então, a noite. "Amanhã", disseram os xamãs, "o mesmo sol vai reaparecer e poderá novamente nos iluminar. Já sofremos o bastante com calor e falta de sono".

No dia seguinte, o sol saiu, atingiu o zênite e desapareceu. Foi assim. E as pessoas se acostumaram, porque antes não era possível viver, com aquele sol permanente. Se os Chulupi não tivessem solicitado aos feiticeiros, jamais teriam obtido a noite. Os feiticeiros se deram conta do calor que o sol fazia e construíram aquela coisa para guiá-lo. Com aquele calor, consumia-se muita água, que, felizmente, havia em abundância. Um dos xamãs lançou a coisa de madeira para cima, para que ela cobrisse o sol. Era incrível o poder desse feiticeiro: ele se chamava Fitso'oich. A coisa subiu em direção ao sol e parou a uma certa distância, sem tocá-lo. Foi então que o sol começou a se mover, depois de uma eternidade de dias permanentes.[55] Se o feiticeiro tivesse movido a coisa a partir do oeste, o sol teria ido para o leste; mas ele a posicionou a leste, e é por isso que o sol se move do leste para o oeste. Assim nasceu a noite. E depois de algum tempo com dias e noites, os Chulupi também passaram a conhecer as estações para o plantio e para a colheita.

Um dia, quando o sol já estava relativamente alto, os Chulupi foram colher sua safra de milho. Eles pensaram que o vento do sul ia soprar, pois nuvens começavam a aparecer. As mulheres que tinham ficado na aldeia foram buscar madeira para o fogo. Então uma nuvem negra cobriu tudo, e o vento soprava cada vez mais forte. As pessoas viram que o que avançava sobre elas era a escuridão. A escuridão as cobria completamente; já não se podia nem mais ver o Pilcomayo, que, no entanto, estava bem próximo. Elas gritavam: "Pobres de nós! O que vai acontecer com a gente?". A escuridão se tornava cada vez mais densa; já não se via mais a aldeia, o sol havia desaparecido, já não se via mais luz alguma. As mulheres que foram buscar madeira estavam assustadas; já não podiam nem mais distinguir suas mãos, precisavam tatear para encontrar o caminho. Os que permaneceram na aldeia gritavam para guiá-las: "Aqui! Estamos aqui!". Eles batiam com os pilões e tocavam seus maracás para fazer barulho. Os que tinham ido buscar milho também gritavam e caminhavam tateando pela escuridão. Estavam tão assustados que abandonaram as espigas. Tampouco o fogo oferecia alguma luz. As pessoas da aldeia haviam feito uma fogueira, mas não dava para vê-la.[56]

---

[55] [Nessa narrativa, os xamãs aparecem como mestres da medida do tempo: o que eles descobrem é, em suma, o princípio do relógio de sol, de modo que a medida funda a alternância entre o dia e a noite. Não encontramos tema equivalente nas outras mitologias sul-americanas.]

[56] O tema do barulho poderia sugerir que se tratava de um eclipse, já que se faz algazarra quando ocorrem eclipses. Mas essa segunda parte da nar-

Muito tempo depois, apareceu um leve brilho, que vinha do sul. Já era meio-dia. A claridade aumentou e então apareceu o sol. Pouco a pouco, a escuridão se retirou, com sua cauda negra. As pessoas que tinham ido buscar o milho cedo voltaram para as suas casas somente no fim da tarde. Só no dia seguinte, quando o medo passou, puderam debulhar o milho. Pouco tempo depois, uma nova escuridão se abateu sobre a aldeia, mais fraca do que a primeira. Começou de manhã cedo, também muito negra, mas os Chulupi não tiveram medo como da primeira vez, pois já sabiam o que era.

Pouco a pouco, eles se habituaram à alternância entre o dia e a noite.

M11. O ECLIPSE DO SOL

O Sol tinha se casado com a filha de um homem. Ele gostava muito de caçar e matava todos os tipos de animais: emas, veados, tamanduás.[57] Não havia mais animais onde ele vivia; já tinha matado todos, apenas a tartaruga sobrevivera. Um dia, Sol saiu para caçar, mas não encontrou nada e voltou de mãos vazias. Falou então à sua mulher:

— Diga ao seu pai que precisamos mudar de lugar, pois aqui não há mais nada para comer. Que ele procure um lugar virgem, onde existam ainda muitos animais vivos.

A mulher foi falar com o pai:

---

rativa Chulupi evoca com precisão um mito de seus vizinhos Toba e Mataco: o mito da "longa noite", quando a escuridão total dura muitas semanas e uma parte da humanidade morre. O mito Chulupi fundiria, então, dois temas: o da alternância entre o dia e a noite e o do cataclismo da escuridão, que, em outras mitologias, são tratados separadamente.

[57] O caráter masculino do Sol é aqui claramente marcado: ele é um grande caçador e, por isso, um genro irrepreensível, em relação a quem o sogro se comporta mal. Em outros povos do Chaco, o Sol, ao contrário, é uma mulher gorda.

— Pai! O homem quer que nós nos mudemos, pois ele já matou todos os animais. Ele quer procurar um lugar virgem.

Isso não agradou nem um pouco ao sogro do Sol, que foi falar com seu genro:

— Então quer dizer que não há mais animais por aqui?

— Nem um sequer, eu matei tudo!

— Pouco importa!

E ele tentou bater em Sol com golpes de borduna, mas o genro pulou numa poça d'água e instantaneamente o Sol se apagou.[58]

Depois de um momento de escuridão, ele saiu da água e foi encontrar Lua, escondendo-se atrás dele.

— O que aconteceu com você? — perguntou Lua.

— Meu sogro quase me matou! Ontem, voltei de mãos abanando da caça, e ele ficou furioso, pois eu já matei todos os animais que havia.

— Ouça-me, se quiser, você pode se casar com qualquer uma das minhas filhas, com aquela que você mais gostar.

— Vou me casar com esta aqui, então!

— Ótima escolha! Essa é a mais jovem das minhas filhas.

As filhas de Lua eram lindas, bem brancas. "Não se preocupe! Não farei como aquele que quis te bater. Comigo, não há perigo! Você pode ficar tranquilo." No dia seguinte, Sol foi caçar e trouxe todos os tipos de animais. Foi assim por muito tempo, e Sol possuía uma grande reserva de carne cozida e assada.

O primeiro sogro de Sol estava com fome e se lembrou então de seu genro, de quem havia tido notícias. "Por que meu genro me abandonou?", perguntava-se. Ele foi encontrar seu antigo genro e Sol imediatamente pôs diante dele um monte de carne: "Coma à vontade! E, quando estiver com a barriga cheia, vá embora daqui e leve o restante com você!". O homem partiu com uma enorme quantidade de carne. Quando estava na metade do caminho, Lua

---

[58] Essa teoria do eclipse é bastante curiosa. Geralmente os índios explicam que o eclipse — do sol ou da lua — ocorre quando o jaguar celeste ataca e devora o astro. Para os Toba, além disso, os ataques do jaguar estão também na origem dos meteoritos, que são pedaços da carne da Lua.

o cobriu de gelo, de modo que, a cada passo, ele tinha que parar e fazer uma fogueira para se esquentar. Foi assim até ele chegar em casa: "Por que Lua me tratou dessa maneira? Provavelmente foi por causa do meu genro! Pois ele deveria me agradecer por eu não o ter roubado dele!".

M12. Origem dos ventos

Muito longe em direção ao norte, viviam antigamente os Wonhahlohlai, o "Povo da Ema": homens que tinham os joelhos dobrados para trás. Essa tribo era muito numerosa. Certa vez, um grupo de cavaleiros Chulupi ouviu golpes de machado e encontrou um desses homens extraindo mel. "Tem um homem ali", pensaram eles. Os Chulupi eram caçadores, e seus cavalos, muito rápidos. Os homens-ema possuíam pés parecidos com os dos homens, mas davam passos imensos. Os Chulupi tentaram cercar o homem-ema, mas ele, vendo que os Chulupi se aproximavam, escapou. Os cavaleiros começaram a persegui-lo, mas, mesmo a cavalo, não conseguiram alcançá-lo. "Puxa, que homem extraordinário!", exclamavam eles. O homem corria para sua aldeia e, pouco a pouco, se distanciou. Os Chulupi chegaram perto da aldeia, mas, ao verem a grande quantidade de homens-ema que havia, deram meia-volta e retornaram. Quando se voltaram para trás, viram uma enorme massa de homens-ema se aproximar, todos armados com suas lanças. Os cavaleiros entraram na floresta. Do outro lado, havia um rio. Antes que pudessem alcançá-lo, o cavalo do chefe foi atingido por uma lança. Um guerreiro se aproximou e o chefe saltou sobre o cavalo dele, abandonando o seu. Eles chegaram até o rio e o atravessaram, salvando-se. Os inimigos, grandes e fortes, ficaram na margem.

Então, formaram-se redemoinhos de vento muito perigosos, que derrubavam as árvores e quebravam tudo. Esse vento não ia em direção alguma; ia e vinha de todos os lados, daqui, dali, de toda parte. Os Chulupi perguntaram então a Fitso'oich: "Pai, o que está acontecendo? Por que você não controla esta tempestade?

Assim não podemos ir a lugar algum. Esse vento é muito forte!".[59]
Os redemoinhos eram o poder dos homens-ema. O xamã respondeu: "É verdade. Vou ver o que posso fazer!". Então ele traçou no chão um risco com seu bastão: era a direção do vento. E sucessivamente, traçou no chão o caminho dos quatro ventos: o do sul, o do norte, o do leste e o do oeste.

O redemoinho continuou por mais cinco dias. No sexto dia, porém, ele se dividiu segundo as direções traçadas pelo feiticeiro, e foi assim que surgiram os ventos disciplinados. E com eles também apareceram as chuvas.

M13. A NUVEM VERMELHA

Certa vez, há muito tempo, apareceu uma nuvem vermelha. Geralmente ela aparecia quando o sol nascia, e ia crescendo mais e mais, até finalmente alcançar o zênite. Ela anunciava a próxima chegada de uma doença terrível. Quando se avistava essa nuvem, já se sabia que em três dias a doença chegaria. Essa nuvem vermelha era de sangue, era o vapor do sangue das pessoas que já tinham sido vítimas da doença. Quando a víamos, era sinal de que as coisas não estavam bem. Rapidamente a nuvem espalhava a doença por onde passava e muitas pessoas morriam. Somente aqueles que caminhavam no sentido contrário ao da nuvem de sangue conseguiam sobreviver. Aqueles que se tratavam conseguiam se curar, mas o rosto ficava cheio de buracos. Para se tratar, era preciso tomar banho com infusões de folhas de *aonthaiuk*[60] moles e frutos

---

[59] Os Chulupi têm medo de redemoinhos de vento. Para eles, o redemoinho é o espírito de um feiticeiro irritado. Para afastá-lo, eles fazem barulho, os velhos gritam "Vá embora!" e alertam os demais sobre sua direção: "Atenção! O feiticeiro está indo na direção de vocês!". Os xamãs cantam e cospem sobre o redemoinho, pois sua saliva é poderosa.

[60] Árvore não identificada.

venenosos de *sachasandia*.[61] Alguns mastigavam os frutos, depois os davam aos outros. Os que mastigavam conheciam um canto para neutralizar seu veneno.[62] Não podiam comer carne, somente raízes de *skletseh* e de *novok*, a mandioca selvagem.

M14. O FIM DE UM MUNDO

Uma vez, o céu caiu sobre a terra, esmagando tudo o que existia. Somente a árvore *aonthaiuk* conseguiu suportar o peso do céu.[63] Todas as outras árvores se romperam. Os galhos de *aonthaiuk* se envergaram um pouco, mas não se quebraram. As pessoas que haviam se refugiado embaixo dessa árvore se salvaram; as que se protegeram embaixo de outras árvores foram mortas. Os sobreviventes não sabiam como sair de lá. Eles tentaram quebrar o céu com seus machados e armas, mas não conseguiram. Felizmente, havia entre eles um velho que possuía um dente do roedor *mahoktsin*,[64] que servia como faca.

— Vamos tentar com isso! — disse ele.

Eles tentaram e conseguiram rasgar o céu. Fizeram um corte, por onde todos saíram. Depois começaram a caminhar sobre uma nova terra.

---

[61] É preciso colocar para ferver muitas vezes seguidas os frutos venenosos da *sachasandia* (*Capparis salicifolia*) para poder consumi-los.

[62] A varíola foi, e ainda é, causa de grande mortalidade entre as tribos indígenas da América do Sul.

[63] Comparar com o mito mataco: "Outrora, a terra ficava no lugar do céu, ao qual estava ligada por uma grande árvore (não identificada). Um dia, um velho, furioso por ter recebido uma parte ruim da caça, queimou a árvore, separando definitivamente os povos da terra dos povos do céu". Os temas da inversão e da junção do céu e da terra se encontram também entre os Toba, mas entre eles o tema da árvore não existe, é ao longo do rio Pilcomayo que o céu e a terra se juntam.

[64] *Ctenomys dorsalis thos* é um roedor muito comum na região do Chaco. (N. do T.)

— Agora — disse o velho —, vamos guardar com cuidado esse dente, caso o céu caia novamente.

Desde então, os Chulupi conservam os dentes de *mahoktsin*.

M15. As manchas da Lua

Um dia, Lua foi passear em uma outra aldeia, e as pessoas ficaram sabendo de sua visita. As mulheres diziam: "Lua, venha para cá! Que pena que ele vem justo quando as meninas estão tão limpas e tranquilas!". Todas essas meninas eram ainda impúberes. Lua viera acompanhado de um grupo de jovens de sua idade. A noite toda eles ficaram passando perto do grupo de meninas, que estavam sentadas juntas. Todas elas olhavam para Lua e tinham preferência por ele. Quando estavam se preparando para dormir, Lua se aproximou delas e lhes propôs de passarem a noite com ele:[65] elas aceitaram imediatamente. Ele se deitou entre elas e fez amor com todas, uma após a outra. Como todas eram virgens, ele se sujou com o sangue: seu corpo ficou todo ensanguentado, exceto os flancos.

No dia seguinte, os outros homens ficaram sabendo disso e entenderam que Lua havia deflorado todas as jovens. Lua já tinha ido embora. Naquele dia, as jovens tiveram um pouco de dificuldade para caminhar, de tanto que Lua as havia penetrado. Lua foi dormir longe da aldeia, pois estava todo manchado de sangue. Um de seus companheiros foi acordá-lo: "Vá tomar banho! E limpe todo o sangue que está no seu corpo!". Lua se lavou, mas as manchas de sangue não saíam, estavam coladas na pele. Desde então, a Lua exibe manchas no rosto.

Lua voltou então para a aldeia de seus pais, que ficava muito longe dali.

— O que aconteceu com você? — perguntou seu pai. — Você está todo vermelho de sangue!

---

[65] As jovens solteiras têm o costume de dormir juntas e próximo à casa de uma delas, na parte exterior.

— Eu me sujei com o sangue de uma cabra que matamos.
— Olhe lá! Não vá me envergonhar novamente! Sabe-se lá o que você aprontou nessa visita!

Pouco tempo depois, chegou a notícia de que Lua havia feito algo desastroso com as jovens da outra aldeia. "Eu bem que sabia que era isso!", exclamou seu pai.

Desde essa época, Lua continua a deflorar as jovens, pois a cada mudança de lua, as mulheres ficam menstruadas.[66]

M16. O ECLIPSE DA LUA

Antigamente, as *teklavaia*, as ninfeias, cobriam *Hivekla*, a Lua. Mas havia sempre um pequeno espaço livre. As folhas das ninfeias se deslocavam sobre a superfície da Lua, girando sobre si mesmas, e aqueles que olhavam de baixo diziam: "A Lua está coberta de ninfeias!". As *teklavaia* encobriam a Lua durante algum tempo, depois se retiravam e *Hivekla* começava novamente a brilhar. O mesmo acontecia com o Sol, pois a Lua jogava folhas de ninfeias sobre ele. Porém, o Sol as queimava. Ao ver isso, a Lua colocou gelo sobre o Sol, e ele se apagou durante algum tempo.[67]

---

[66] Para os Chulupi, assim como para outros grupos do Chaco, os Toba por exemplo, a menstruação está ligada às relações sexuais com Lua. Esse mito pode ser aproximado de M26, em que Lua está na origem da possibilidade de se ter relações sexuais com as mulheres. Por outro lado, a caracterização de Lua como um personagem masculino e extremamente viril é frequente na América do Sul.

[67] Cf. M11, nota 58. Além disso, cabe notar que aqui é a Lua que provoca o eclipse do Sol, o que talvez deva ser aproximado do tema de M11: Sol "saiu da água e foi encontrar Lua, colocando-se atrás dele". Também é digno de nota a ambivalência de Lua que, conforme a fase e o ciclo anual, situa-se tanto do lado do calor extremo — seu ardor sexual — quanto do lado do frio extremo.

M17. Hivekla, a Lua

Lua enviou seu pênis ao encontro de duas mulheres que estavam cozinhando feijões selvagens.[68] As mulheres derrubaram água fervente bem onde estava o pênis de Lua: "Que calor! Que calor!", gritou ele, caindo de costas. Seus companheiros lhe perguntaram: "Mas o que aconteceu com você?". "Eu me queimei com água quente." Foi então que eles se deram conta de que o pênis de Lua era muito grande, pois as duas mulheres estavam muito longe dali. Aquilo lhe queimava muito.

M18. O raio

Antigamente, o tempo era muito perigoso devido aos raios. E, quando as pessoas viam a tempestade se aproximar e os relâmpagos brilharem, rapidamente se fechavam bem em suas casas e faziam fogo para terem luz. Era necessário sempre ter fogo de *ho'ok*, o *palo-santo*.[69] Graças ao fogo, o raio não caía. Quanto àqueles que eram negligentes e deixavam as fogueiras se apagarem, o raio caía sobre eles, matando-os. Quando caía, os pássaros pousavam no chão e permaneciam ali, com seus bicos incandescentes. Com a luz dos relâmpagos era possível ver todos os pássaros reunidos. E era só eles fazerem um pequeno movimento que tudo se iluminava e o trovão retumbava. Bastava agitar seus bicos para jorrarem raios ofuscantes. Havia pássaros de todos os tamanhos, grandes e pequenos. Quando os pequenos se levantavam, tudo se iluminava, e os grandes produziam o raio ao mexer seus bicos. Quando o tempo se acalmava, os pássaros voavam novamente, e com eles distanciavam-se os trovões, cujos estrondos eram ouvidos cada vez mais ao longe.

---

[68] *Poroto del monte*: *Capparis retusa*.

[69] *Ho'ok*, "madeira que ilumina". O fogo da madeira de *palo-santo* ilumina muito melhor do que o fogo das outras madeiras.

Era assim que o raio podia matar as pessoas que estavam sem luz, e é por isso que é preciso ter sempre uma fogueira acesa em casa.[70]

M19. O arco-íris

Antigamente, acreditava-se que o arco-íris ficava muito longe. Mas, na verdade, ele não estava tão longe assim, pois saía de um formigueiro e mergulhava em outro.[71] O arco-íris era visto como um sinal de bom tempo. De cada buraco do formigueiro saía uma faixa de cor, e o conjunto delas constituía o arco-íris: amarelo, azul, vermelho. Foi o grande xamã Fitso'oich quem fez o arco-íris. Graças a ele acabaram as tempestades: do contrário, elas teriam continuado e teria chovido sem parar. Foi também o xamã quem decidiu colocar o arco-íris entre os dois formigueiros, e o tempo melhorou.

---

[70] Essa narrativa trata do mito da origem do fogo, ao qual falta apenas a primeira parte: os pássaros eram os mestres do fogo, os Chulupi se deram conta disso por acaso e o roubaram deles. Os pássaros, furiosos, continuam a se vingar dos índios, aterrorizando-os com seus gritos (o trovão) e com os raios lançados por seus bicos. Em chulupi, uma mesma palavra designa pássaro e raio: *höklo*. Quanto ao trovão e ao pássaro que o produz, os Chulupi o chamam de *anotatas*. Para afastar o raio — afugentar os pássaros — os xamãs pegam um tição flamejante e o agitam no ar, e os ameaçam dizendo: "*Shave!* Atenção!".

[71] Na mitologia toba, a imagem se inverte: o arco-íris — que é uma grande serpente — vive debaixo da terra em um buraco, e sai da terra por outro. Por outro lado, encontramos um eco longínquo dessa conjunção entre arco-íris e formigueiro em outro mito toba: a grande serpente provoca a transformação da raposa em um cupinzeiro.

M20. A PEDRA QUE CAIU DO CÉU

Uma vez, há muito tempo, ouviu-se um barulho semelhante ao do trovão, pouco antes do amanhecer: foi quando a pedra caiu. Alguns homens gritaram: "De onde vem esse trovão?". Acordaram os jovens, que não tinham o costume de se levantar cedo, e eles se afastaram da aldeia, permanecendo debaixo de uma árvore onde costumavam descansar. Um raio caiu sobre a aldeia. As pessoas gritaram. Depois do clarão, ouviu-se o barulho e a pedra caiu em cheio sobre a aldeia, em cima das casas que ficavam do outro lado, destruindo-as completamente A pedra era grande e transparente. Quando a viram, os sobreviventes foram embora. E, ao retornarem, muito tempo depois, não encontraram mais nada. No lugar da pedra, havia apenas um buraco. As pessoas pensaram que a pedra havia subido para o céu. E, desde então, passaram a ter medo do barulho do trovão, em razão dessa desgraça que aconteceu.[72]

---

[72] Comparar com M14.

IV.
POVO DA ÁGUA, HOMENS-PÁSSAROS

M21. Vanakuk, o dilúvio

Há muito tempo, uma jovem teve sua primeira menstruação. Ela foi buscar água,[73] enquanto os homens pescavam enguias na lama de um poço quase seco. Um deles fincou sua flecha no corpo de uma enguia muito grande, os outros correram para ajudá-lo, atravessando também a enguia com suas flechas, mas ela conseguiu escapar. De volta à aldeia, os pescadores disseram às meninas que estavam menstruadas que não fossem buscar água, pois era muito perigoso por causa dessa grande enguia.[74] Mas as jovens não os escutaram, e duas delas saíram para buscar água. As duas estavam menstruadas.

Elas estavam enchendo seus jarros quando, de repente, apareceu um pequeno pássaro, uma espécie de martim-pescador, que pousou sobre a cabeça de uma delas:

— Olha o pássaro que pousou em mim!
— Bate nele, mata ele!

Ela tentou atingi-lo, mas em vão, pois ele voou. As jovens voltaram à aldeia e disseram aos seus pais:

---

[73] Cf. M1, nota 11.

[74] A Grande Enguia não suporta o sangue menstrual, que a deixa furiosa. Entre os Toba-Pilaga, é o arco-íris, ou seja, a Grande Serpente, que proíbe as mulheres de se aproximarem da água durante o período menstrual, e é ela que provoca a inundação da aldeia. A comparação com M24 sugere, por outro lado, que a enguia poderia ser um equivalente de Hlavo, a Grande Serpente mestre das águas.

— Um passarinho pousou em nós, o que será que vai acontecer naquele poço?

— Mas por que vocês foram buscar água, se estavam menstruadas? — gritou a mãe de uma delas.

As pessoas ficaram aguardando para ver o que iria acontecer. Na noite seguinte, começou a chover. Choveu a noite inteira e a água começou a entrar nas casas.

— Maaa! Vão embora daqui! — gritava Makok, o sapo.

— Vocês ouviram o que o sapo disse? — disseram os homens. — Ele quer que a gente vá embora daqui!

Até mesmo os cavalos começaram a ficar inquietos. O sapo cantou novamente: "Maaa! Saiam daqui!". A água agitada já invadia as casas. "Há enguias aqui!", começaram a gritar alguns. E, de fato, avistaram uma enguia que rastejava pelo chão.

De manhã cedo, algumas casas já tinham desmoronado e os cavalos escorregavam na lama. Foi então que se viu Utsitah, uma enguia enorme. Ela começou a provocar ondas que cobriam as pessoas, deixando-as submersas.

Nesse momento, chegaram os *aia'ii*, passarinhos verdes com asas amarelas que corriam sobre a água: eles se juntaram aos índios. Formou-se então um enorme turbilhão de água, *tschuuuhhh*, que inundou absolutamente tudo! Somente uma das duas jovens e seu irmão mais velho escaparam. Ele gritou: "Minha irmã! Cante como o *aia'ii*!". Ela obedeceu e começou a imitar o pássaro: "Iet! Iet! Iet!". E o irmão começou a imitar o grito do pássaro *hosinohotah*, o *chunuco*: "Wo! Wo! Wo! Wo!". Foi então que, saltando no ar, o irmão e a irmã se transformaram nos pássaros que estavam imitando, escapando assim da onda.[75] Ela levou os outros consigo, carregando-os até o final de seu curso. A água estava vermelha do sangue dos mortos. Quando a onda se desfez, o irmão disse: "Vamos embora daqui!". E, transformados novamente em humanos, foram ao lugar onde a onda havia cavado um leito, que

---

[75] Muitos mitos do Chaco associam o dilúvio à origem dos pássaros. A maioria dos pássaros atuais é de pessoas castigadas pela Grande Serpente por não terem respeitado o tabu. Comparar também com o próximo mito e com M26.

existe até hoje.[76] Utsitah começou, então, a persegui-los, enchendo de água o leito escavado pela onda. A perseguição durou muito tempo, até que Utsitah não conseguiu mais avançar. Ela disse então: "Eu paro por aqui! Minha cauda está completamente gasta. Eu abandono vocês aqui".

O irmão e a irmã, mais calmos, foram para outra aldeia. As pessoas quiseram imediatamente ir ver o que tinha acontecido. "Não! É melhor não ir!", eles lhes disseram. "Ainda é muito perigoso!" Então as pessoas esperaram três dias e só depois foram ver. Aproximaram-se do local, mas não muito. Viram que a água começava a se agitar e a se levantar novamente. Conseguiram escapar e um vento do sul muito violento começou a soprar e quase as atingiu, mas elas conseguiram voltar para a aldeia. Muito tempo depois desses acontecimentos, pessoas de outras aldeias passaram por lá e pararam para descansar. Alguns homens foram buscar água, quando ouviram vozes de mulheres, surgindo das águas, que lhes diziam: "Encham os jarros rapidamente! E fujam logo daqui!".[77] Eles partiram imediatamente, e atrás deles o vento começou a soprar, mas já não tão forte quanto da primeira vez. Dali para a frente, ficaram com medo de retornar àquele lugar para buscar água.

M22. O DILÚVIO (variante)

Uma jovem que menstruou pela primeira vez estava com suas amigas. Ela disse à sua irmã caçula:

— Vá até a casa de nossa mãe buscar um pouco de água para mim.

A irmã foi:

---

[76] Vanakuk é, ao mesmo tempo, o nome do dilúvio e do lugar onde, segundo os Chulupi, ele ocorreu. Trata-se do leito de uma lagoa de muitos quilômetros de comprimento, cuja água nunca seca.

[77] A respeito das mulheres da água, cf. M26, nota 90, e M28.

— Mãe, eu vim buscar água para a minha irmã.
— Não tem água aqui. Por que ela mesma não vai buscar?[78]
A caçula retornou e disse a sua irmã:
— Nossa mãe disse que não tem água.
— Pois então vá pedir à nossa avó, ela deve ter.
A jovem foi:
— Avó, eu quero um pouco de água para a minha irmã.
— Não temos água aqui, acabamos com toda a água que havia. O jarro está vazio. Por que ela mesma não vai buscar?
A caçula retornou e novamente disse à irmã:
— Não tem água.
— Então vá pedir à nossa irmã mais velha, com certeza ela tem.
A caçula foi novamente, mas a mesma coisa aconteceu:
— Eu não tenho água. Por que ela mesma não vai buscar?
A jovem enviou então sua irmã à casa de sua tia, que também disse que não tinha água.
— Bom, já que não tem água, eu sei o que vou fazer!
Ela logo se levantou, começou a se elevar no ar e a sobrevoar a aldeia. Ela cantava: "Minhas irmãs caçulas, as pessoas da aldeia irão matá-las". Quando os parentes da menina escutaram o canto, saíram para ver quem era e reconheceram a menina: "Ah! Minha filha, é você quem está voando", gritavam eles. Sua mãe dizia: "Minha filha, aqui está a água". Mas a jovem cantava como um *chaha*,[79] "Taa, twa, taaa!", enquanto todos os parentes exclamavam: "Água! Aqui está a água!". Mas ela subiu cada vez mais alto e, quando chegou a uma certa altura, avistou uma lagoa. Ela foi em sua direção, desceu e bebeu água.

---

[78] Esse mito se torna mais claro à luz do precedente, do qual ele é certamente uma variante fragmentada. Os parentes da jovem, ao se recusarem a dar-lhe água, obrigam-na a ir buscar por conta própria, o que é proibido. A jovem antecipa então o castigo que resultaria do contato com a água, e transforma a si mesma em pássaro.

[79] *Chaha*: *Chauna torquata*. Popularmente conhecida como anhuma--do-pantanal, anhumapoca ou tachã-do-sul. (N. do T.)

M23. Os três pescadores

Três homens foram pescar com arco e flecha. Enquanto estavam flechando os peixes, Hlavo, a Grande Serpente mestre das águas, chegou e cercou o local onde estavam os três pescadores, de tal forma que a cabeça dela tocava a ponta do rabo. Os pescadores, que não tinham percebido nada, estavam muito contentes por ver que os peixes não fugiam, e continuavam atirando neles. Pescaram uma grande quantidade de peixes e, quando estavam carregados,[80] decidiram voltar para a margem do rio. Mas bastou darem dois passou para logo tropeçaram na serpente: "Que vamos fazer?", disse um deles. "Vamos desviar por outro lugar." Eles seguiram em outra direção, mas foram novamente detidos pela serpente: compreenderam, então, que estavam presos. Um dos pescadores disse: "A única maneira é subir na serpente. Talvez ela nos transporte até a margem".[81]

Subiram na serpente, mas ela se pôs a nadar em direção ao centro da lagoa, que era imensa. Tendo chegado ao centro, a serpente começou a submergir pouco a pouco. Os homens já estavam com água na altura do peito e seus pés não tocavam o fundo. A serpente nadava em direção a um grupo de algarobas secas. Quando passou por baixo das árvores, o primeiro pescador se agarrou num dos galhos. O segundo se pendurou em sua perna e o terceiro, por sua vez, se segurou na cintura do seu companheiro. A serpente não percebeu nada e eles a deixaram se afastar um pouco.

---

[80] Cf. M28, nota 93.

[81] O Hlavo dos Chulupi evoca o Lik dos Toba, a serpente com o corpo repleto de peixes: tema mítico que tem correspondências na arte pré-colombiana dos Andes, como demonstrou Lévi-Strauss (1958) [em *Antropologia estrutural*, trad. Beatriz Perrone-Moisés, São Paulo, Cosac Naify, 2008]. De certa forma, é isso o que ocorre aqui: Hlavo se coloca em círculo, retendo os peixes que, dessa forma, ficam em seu interior. Mas no mito toba a situação se inverte: Lik atola e é levada ao rio pelo pescador, a quem ela presenteia com seus peixes.

Em seguida, decidiram voltar a nado: "Vamos! Talvez tenhamos sorte!". Nadaram tanto por cima como por baixo da água e abandonaram seus peixes. Nadaram até dar pé novamente e saíram correndo da água.

Foi então que a serpente se deu conta de que não estava transportando mais nada. Imediatamente, ela começou a voltar, deslocando uma quantidade enorme de água e provocando um barulho enorme: *fuuu*! Quando os pescadores ouviram o barulho, já estavam em terra firme, mas por pouco a onda não os atingiu. Quando chegaram à aldeia, contaram o que tinha acontecido, explicando que eles só se salvaram da serpente devido à algaroba. Desse dia em diante, os outros passaram a ter medo de ir pescar nessa lagoa.[82]

M24. Hlavo, a Grande Serpente mestre das águas

Um grupo de homens estava pescando no *pescadero*. Eles mandaram dizer ao "batedor" que ele podia começar a avançar.[83] Seus companheiros rio acima estavam prontos, e ele começou a bater na água. Ele bateu numa extensão de alguns metros e um dos pescadores lhe disse para parar onde estava, pois já havia muito peixe. Pouco tempo depois, ele avançou mais um pouco, batendo novamente. Enquanto isso, Hlavo estava deitada no fundo do rio,

---

[82] Comentário do narrador: "Realmente, os antigos não tinham muita sorte! Sempre acontecia alguma coisa. Felizmente, hoje em dia essas coisas não acontecem mais".

[83] *Pescadero*: lugar de pesca. Trata-se de uma pescaria coletiva, com rede, num lugar do rio previamente preparado: uma paliçada de cinquenta a cem metros de comprimento é construída paralelamente à margem, a dez ou vinte metros dela, formando uma espécie de canal. Um grupo de pescadores se posiciona rio acima, cada membro munido de uma rede aberta sob a água; na parte de baixo do rio, um homem armado com um pedaço de madeira avança na direção do grupo batendo na água, a fim de afugentar os peixes para as redes. Esse tipo de pesca é praticado de abril a maio, frequentemente à noite e sem o uso de luzes.

com a boca aberta na superfície da água. O homem continuava batendo, avançando diretamente para a garganta de Hlavo. Ele deu mais alguns passos e desapareceu. "Apresse-se!", gritaram os outros pescadores, que não tinham percebido nada. Mas o homem não reaparecia e um deles gritou: "Olhem para a frente! A paliçada está desmoronando!". Uma onda já estava se aproximando, e eles escaparam correndo. "O que aconteceu com nosso companheiro?", eles se perguntaram. Ao chegarem à margem, viram Hlavo que, com sua língua, dardejava raios. Sem esperar mais, os pescadores fugiram. Certo tempo depois, começou a soprar um vento muito forte, vindo do sul.

Eles chegaram à aldeia, olharam para trás e viram que ainda havia raios no lugar que tinham acabado de abandonar. Começou então uma tempestade assustadora. Os pescadores anunciaram às pessoas que Hlavo tinha engolido um dos seus, e que era a sua língua que lançava os raios: "Amanhã vamos permanecer aqui. Somente depois de amanhã vamos ver o que aconteceu com nosso companheiro". Dois dias depois, todos os homens foram ver o que tinha acontecido: viram Hlavo enrolada. Não fizeram nada com ela, por medo de provocar uma tempestade, um dilúvio ou mesmo uma doença. Pois, sempre que se machuca ou se mata um animal extraordinário, acontece alguma coisa.

Alguns dias se passaram, e o homem engolido continuava vivo no corpo de Hlavo. De pé, ele dava golpes com o calcanhar por toda parte, indo de um lado a outro. Ao final, ele encontrou o coração do animal. "Pobre de mim!", gemia ele. "Hlavo não me matou, mas seguramente vou morrer de fome aqui dentro." Hlavo possuía sete corações, de tamanhos decrescentes. O homem foi tateando e encontrou o maior dos corações. Ele estava munido de sua faquinha de pesca, feita de madeira de *palo-santo*, que lhe servia para limpar os peixes. "Pobre de mim! Tenho a impressão de que nunca vou sair daqui!", dizia ele. Nesse momento, lembrou-se de que estava com sua faca. Passou então a cortar os corações, começando pelo menor deles. Cortou três corações, sem que Hlavo sequer se mexesse. Quando cortou o quarto, Hlavo fez um pequeno movimento, e, ao cortar o quinto coração, Hlavo se mexeu um pouco mais. Quando cortou o sexto, Hlavo se sacudiu com força.

"Vou descansar um pouco", decidiu o homem, que falava sozinho. Logo depois, ele se preparou para cortar o sétimo e último coração: agarrou-o com as duas mãos, mas Hlavo se agitava. O sangue já batia nos tornozelos do homem. "Agora sim, estou começando a assustá-lo!" Preparou-se para cortar o coração, mas ele escorregava de suas mãos. Tentou novamente: "Certamente está tão difícil assim por ser seu último coração!", pensava o homem. Ele se esforçou mais e, por fim, conseguiu cortá-lo. Hlavo berrou e se debateu. O homem foi jogado de um lado para o outro no interior de Hlavo, mas pensava: "Agora acho que vou conseguir sair daqui!". Nesse tempo, Hlavo havia se aproximado da margem. E ficou ali, bem tranquila. O homem começou então a abrir um buraco na altura de suas costelas. Quando abriu o flanco de Hlavo, a água entrou no interior da serpente e o pescador aproveitou para escapar. Hlavo, repleta de água, afundava pouco a pouco.[84]

O homem surgiu na superfície, com a visão ofuscada pela luz. Quando começou a discernir as coisas, nadou até a margem, sem conseguir reconhecer onde estava. Sua cabeça estava completamente sem cabelo e sua pele estava fina e muito branca. Ainda era muito cedo. Quando o sol atingiu o zênite, ele começou a enxergar muito melhor. No meio da tarde, entendeu por fim onde estava e começou a caminhar de volta à aldeia. Encontrou muitos rastros das pessoas que o procuraram. Ele não suportava mais o calor, pois já não tinha cabelos. No fim da tarde, chegou à aldeia. Seus filhos e filhas vieram ao seu encontro, chorando. Deram-lhe pedaços de estopa de caraguatá utilizadas para coletar o mel para que ele cobrisse a cabeça.[85] O pescador lhes contou suas façanhas: "Eu afundei na água, isso é certo, mas eu estava dentro do corpo de Hlavo. Durante sete dias eu caminhei dentro dela. Se eu não tives-

---

[84] Da mesma forma, dizem os Toba, se um homem é engolido por Lik, para escapar ele deve cortar seu coração — único — e fazer um furo em seu flanco.

[85] Quando a abertura de uma colmeia é muito estreita, introduz-se em seu interior estopa de caraguatá para absorver o mel. Em seguida, essa "esponja" é espremida nas bolsas de couro feitas para armazenar o mel.

se cortado seus corações, não teria saído vivo. Quase morri de fome. Sede eu nunca tive. Se tivesse ficado mais um ou dois dias, não sei o que teria acontecido comigo. A única coisa que eu perdi foram meus cabelos e uma camada de pele". Ele estava todo vermelho, devido ao sol.[86]

M25. Tos, a grande serpente

Certa vez um grupo de homens saiu para uma pescaria com rede. Eles entraram na água e começaram a pescar. Aproximaram-se de um tronco de quebracho que boiava e mergulharam debaixo dele: ali havia peixes em abundância. Todos os pescadores estavam na água, debaixo do tronco, quando ele começou a rolar: era uma grande serpente.[87] Ela rugiu e afundou, matando todos os pescadores. Formou-se um redemoinho na água, que se agitava. Os pescadores que, antes de chegarem àquele lugar, já haviam terminado sua pesca, presenciaram tudo. Ninguém reapareceu na superfície. Quando a água se acalmou, a serpente emergiu novamente e voltou a boiar, apoiando sua cabeça em um monte de troncos que tinham sido derrubados pelo rio. Os homens foram embora. Na beira de uma lagoa, apareceram as redes dos pescadores desaparecidos; alguns pescadores que estavam mais longe viram as redes se aproximando, e rapidamente saíram da água. Formou-se ali um outro redemoinho.

---

[86] Nordenskiöld (1912) registrou um mito semelhante entre os Choroti: um homem engolido por uma enorme serpente consegue furar seu coração e fugir, mas o calor do ventre do monstro o deixa todo vermelho e ele fica sem nenhum cabelo.

[87] Certamente, Tos não é senão um equivalente de Hlavo, a serpente, mestre das águas e dos peixes (como indica a informação segundo a qual debaixo do corpo flutuante de Tos havia inúmeros peixes).

M26. A vagina dentada

Lua, armado de seu arco e flecha, saiu para caçar ratos[88] perto de uma lagoa profunda. Durante sua ausência, duas mulheres entraram na casa: eram as mulheres da água. Ao verem a comida, disseram: "Esse será nosso marido!". Apossaram-se dos alimentos e, para comê-los, os introduziam em suas vaginas. Podia-se ouvir o barulho dos dentes quebrando os ossos: assim as mulheres comiam a carne grelhada que Lua tinha de reserva. Quando Lua voltou, não encontrou mais nada para comer: "Para onde será que foi a minha comida?". No dia seguinte, antes de sair novamente para caçar, encarregou o camaleão de vigiar a casa, e ele ficou em cima de um pedaço de madeira.

As mulheres, rindo, vieram novamente: "Não há ninguém em casa. Vamos entrar de novo!". Começaram a comer tudo o que havia e o camaleão as observava. Depois, foram embora. À tarde, Lua voltou para casa: "O que você me conta de interessante?", perguntou ao camaleão. Ele não falava, contentando-se em agitar a cabeça. Lua perguntou-lhe quatro vezes e nas quatro vezes ele respondeu com um sinal de cabeça: "O camaleão quer me contar alguma coisa, mas não consegue!".

À noite, Lua pediu ao beija-flor para vigiar a casa no dia seguinte, enquanto ele caçava. Naquele dia, no mesmo momento que na véspera, reapareceram as mulheres, rindo: "Não há ninguém, vamos entrar". Elas pegaram todos os ratos e os comeram, enfiando-os em suas vaginas; diziam: "Esse é o meu marido! Esse é o meu marido!", e quebravam os ossos com muita facilidade.

Assim que viu isso, o beija-flor correu para avisar Lua: "O que você tem para me contar?". "Há muitas mulheres na sua casa, devorando toda a sua caça!" Lua convidou então Ofo, a pomba, e muitos outros pássaros: "Venham rápido à minha casa! Há muitas mulheres lá!". E todos eles foram correndo. O pênis de Lua era muito grande e ele o guardou em uma bolsa. Mas a bolsa não

---

[88] Tuco-tuco (*Ctenomys boliviensis*). Os Chulupi caçam esses roedores, dos quais são grandes apreciadores.

aguentou o peso do pênis e rasgou. Então Lua pegou seu *hlasö* e o enrolou ao redor do pescoço, para poder correr melhor.

Lua chegou em casa e cada um dos homens havia pegado uma mulher. A que sobrou para Lua era caolha e ele tentou trocá-la por outra, mas os outros recusaram. Todos se sentaram então para comer o que Lua havia caçado. As mulheres aproveitavam a desatenção dos homens para jogar a comida em suas vaginas. No entanto, Lua percebeu alguma coisa. Levantou-se e disse aos homens para não terem pressa para fazer amor com as mulheres: "São muito perigosas! Elas vão nos matar se fizermos algo com elas agora.[89] Antes disso, vamos fazê-las dançar!". As mulheres estavam totalmente nuas. Lua foi buscar uma saia de caraguatá para cobrir cada uma das mulheres. "Ah! Agora sim. Assim está melhor, é outra coisa!", exclamaram os homens, e começaram a dançar também. A dança durou a noite toda e, de tanto dançar, os dentes que as mulheres tinham nas vaginas começaram a balançar.

Mas Ofo, a pomba, não aguentava mais: fez amor com sua mulher, que cortou seu pênis com os dentes. Ofo começou a gritar: "Oooo! Meu pênis, meu pênis!". Os homens o aconselharam então a ir encontrar Ahlu, a iguana, e lhe pedir um de seus dois pênis. Ofo foi correndo: "Iguana, me dê um de seus pênis!". "Espere! Antes eu preciso pedir para a minha mulher." Ele foi consultar sua mulher, que apareceu, dizendo: "De jeito nenhum! Não lhe dê seu pênis! Pois eu adoro quando você coloca os dois em mim!". Então a iguana mandou Ofo ir até a casa do pequeno lagarto. Ofo foi e lhe disse: "Kuf'anita'a! Dê-me um de seus dois pênis!". "Ah é? Você quer um pênis?" Depois de consultada, a mulher do lagarto disse que ele poderia dar um de seus pênis a Ofo, que contou que a esposa da iguana não tinha deixado seu marido lhe dar um de seus *hlasö* de presente. "Mas por que ela recusou?", perguntou-se a mulher de Kuf'anita'a. Ofo pegou o pênis, colocou-o no lugar e voltou para a dança.

Enquanto isso, a dança havia continuado e os dentes das vaginas das mulheres haviam caído no chão: pareciam seixos no pá-

---

[89] "Fazer algo" é uma maneira discreta de dizer "fazer amor".

tio de dança. De manhã cedo, todos ainda dançavam, e continuaram até de noite, quando os últimos dentes das mulheres caíram. Eles dançaram mais uma noite, até o dia seguinte. De manhã cedo, começaram a comer todos juntos, e as mulheres comiam pela boca. Estavam bem tranquilas. Lua foi buscar piolhos: eram as pequenas folhas de *shintinuk*, de garabato. Ele as colocou no cabelo e voltou para junto das mulheres que, vendo-o coberto de piolhos, rasparam sua cabeleira. Depois disso, cada um dos homens se casou com uma daquelas mulheres. Os dentes das vaginas ficaram ali, empilhados. As mulheres tinham deixado de ser perigosas.[90]

M27. A vagina dentada (variante)

Antigamente, havia um homem muito poderoso que se chamava Fitso'oitch.[91] Nesse tempo, as mulheres não comiam pela boca, mas pela vagina. Elas faziam isso muito rápido, para que os homens não as vissem: eles ainda não tinham feito amor com suas mulheres, cujas vaginas eram cheias de dentes. Mas, uma vez, um dos homens surpreendeu uma mulher jogando a comida em seu *hlasu*, e ele contou imediatamente a Fitso'oitch. Então este disse aos homens para não fazerem amor com suas esposas e para terem muito cuidado. Ele fez a mesma recomendação a Ofo.

Naquele tempo, reconhecia-se facilmente as mulheres com quem se tinha acabado de fazer amor, pois elas exalavam um per-

---

[90] Essas "mulheres da água" ou "mães da água" também são chamadas de "mães dos Chulupi". Com efeito, é delas, depois de terem sido destituídas de sua incômoda dentição, que descende a tribo. Além disso, as mulheres da água são as "mestres dos peixes". A associação entre as primeiras mulheres e os peixes também se encontra em outra tribo do Chaco, os Maka, cuja estrutura do mito da origem das mulheres é muito similar à dos Chulupi: no princípio, as mulheres tinham uma piranha na vagina; para torná-las consumíveis, foi preciso fazê-las dançar dia e noite até que os perigosos peixes caíssem.

[91] Cf. M2, nota 23.

fume muito agradável, semelhante à flor da árvore *aonthaiuk*. Um dos homens disse então aos outros: "As mulheres não devem ficar assim! Pois quando um homem faz amor com uma mulher, todos ficam sabendo, por causa desse doce perfume. Seria melhor queimar um pedaço de cacto meio podre, queimá-lo bem e esfregá-lo na vagina das mulheres". Então, os homens disseram novamente à pomba para não fazer amor com sua mulher, mas ele não quis escutá-los: ele fez amor com ela naquela mesma noite, e ela lhe cortou a ponta do pênis com os dentes de sua vagina. No dia seguinte, Ofo chorou o dia inteiro, pois tinha perdido o pênis. "Viu! Nós o avisamos! Você não quis nos escutar!", diziam os outros. Ofo chorou muito, depois começou a cantar: "Rru, rru! Eu engoli meu pênis!".

M28. O PESCADOR COM O ROSTO PINTADO DE VERMELHO

Antigamente, e ainda hoje, os homens pintavam o rosto para ir pescar. Um dia, um homem foi pescar com o rosto pintado de vermelho. Todos os outros estavam na margem do rio, onde mergulhavam com suas redes. O pescador do rosto pintado de vermelho mergulhou também e ouviu então a voz de duas mulheres: "Segure-o pelos cabelos! Segure-o pelos cabelos!", diziam elas. Eram as mães da água.[92] Ele mergulhou outra vez, chegou ao fundo, e lá as mulheres o agarraram pelos cabelos: "Leve-o daqui rápido! Leve-o para que ele não se afogue", disse uma delas. Elas o levaram até o limite da água, quando lhe disseram para respirar. Ele recobrou o fôlego e ficou surpreso de ver que, sob a água, havia uma aldeia muito grande. "É preciso dar algo para ele comer", disse uma delas. "Que ele coma o quanto quiser, há todos os tipos de peixe." Ele comeu um peixe-gato. Na aldeia das mães da água, havia peixes em abundância: eram os animais domésticos

---

[92] Cf. M26, nota 90.

daquelas mulheres. Uma delas quis tomá-lo como marido. Ficou com pena dele ao vê-lo todo nu e lhe deu uma grande folha de ninfeia para se cobrir. Mas a folha não resistia, pois, quando se secava, desintegrava-se em migalhas. Então, um dos homens do povo da água disse: "Por que vocês não o mandam de volta? Sua família deve ser pobre e ele certamente tem filhos". "Escutamos um outro grupo de homens pescando lá em cima", observou uma das mulheres.

Decidiram, então, mandá-lo embora. As pessoas do povo da água lhe deram muitos peixes, o quanto ele quis levar amarrado em sua corda.[93] Já fazia muito tempo que ele tinha desaparecido: todos os seus parentes estavam de luto e todos na aldeia haviam raspado a cabeça.[94] Os homens que estavam com ele no dia do seu desaparecimento se aproximavam do lugar e diziam: "Foi aqui que ele sumiu, assim como sua rede, que nunca mais reapareceu. Vamos mergulhar aqui, talvez encontremos alguma coisa". As mulheres da água tinham dado ao homem com o rosto pintado de vermelho muitos peixes, grandes e muito frescos: "Quando estiver fora da água, você tira as escamas". Elas lhe indicaram o caminho de volta: era um buraco que saía da aldeia e levava ao rio. Pouco antes do rio, haveria uma árvore no caminho: "Quando chegar nessa árvore, você estará na correnteza do rio. Dê um chute no tronco que você vai subir à superfície". Ele assim o fez, foi impulsionado pela correnteza e emergiu do rio.

Ele nadou para a margem, saiu do rio e começou a limpar os peixes. Os homens que naquele dia estavam pescando o viram, sentado na beira do rio. "Tem um homem ali", disseram eles. Seu tio paterno se aproximou para ver quem era.

— É o meu tio que está vindo! — exclamou o desaparecido.

---

[93] À medida que mata os peixes, o pescador os amarra pelos olhos em uma corda. Um pequeno galho os mantém enganchados na corda, que fica presa à cintura do pescador e é arrastada na água atrás dele.

[94] Quando um Chulupi morre, homens e mulheres de sua parentela, incluindo os avós e os netos, raspam a cabeça inteira. Os parentes mais distantes não raspam completamente. "Seus cabelos estão raspados" significa "ele está de luto". Em tempo de luto, as pinturas vermelhas são proibidas.

— Sim, sou eu!

O homem percebeu que a cabeça do tio estava raspada.

— De onde você está vindo?

— Duas mulheres me levaram. Não sei por quanto tempo desapareci, pois não vi mais o sol. Mas com certeza deve fazer muito tempo. Estou voltando do meio do rio. Lá vivem mulheres que têm peixes como animais domésticos. E, quando eles sobem o rio, elas os prendem em seus cercados. Há peixes em abundância. Elas os impedem de voltar ao rio. Foram elas que me explicaram como voltar.

— E em que lugar você saiu?

Ele lhe mostrou e disse que ia voltar para casa. Mas estava completamente nu e seu tio lhe deu um pedaço de poncho, que ele usou para se cobrir. Antes mesmo de chegar em casa, ouviu o choro e os gritos de sua mulher. As pessoas o viram.

— Olhem quem está vindo! — disseram, e seus filhos foram ao seu encontro.

— Você é o nosso pai?

— Sim, sou eu. Não aconteceu nada comigo, não estou morto.

Ele contou sua aventura: "Todos esses peixes que eu trago comigo vêm da aldeia das mães da água". Até sua mulher saiu da casa.[95] Ele lhe explicou que as mulheres o haviam levado por causa da pintura vermelha.

Os outros pescadores também concluíram que nunca deveriam pintar o rosto de vermelho para ir pescar, mas somente de preto, com carvão,[96] pois acabavam de ter um exemplo do que lhes poderia acontecer.

---

[95] As mulheres em luto pela morte do marido nunca saem de casa durante o dia, somente à noite, do contrário, são acusadas de má conduta.

[96] De fato, os Chulupi só se pintam de vermelho para as festas. Para obter tinta preta, o carvão é moído com as mãos e, com a ponta dos dedos se esfrega as palmas e se aplica o pó nas bochechas, na testa e no peito.

M29. As duas estrelas

Antigamente, havia um homem que desejava intensamente duas estrelas. Toda noite, quando ia dormir, ele as olhava e tinha vontade de se deitar entre elas: "Como eu gostaria de estar lá em cima e me deitar entre as duas!". Seu desejo era tão forte que, um dia, as duas estrelas desceram do céu. Como ele estava indo defecar na floresta, elas fizeram com que um espinho entrasse no pé dele. Ele tentou tirá-lo, mas era impossível, e então as duas estrelas apareceram. Elas se aproximaram e perguntaram:

— Um espinho entrou no seu pé?
— Sim, entrou.
— Deixe-me ver! — disse uma delas. — Vou tirá-lo para você.

Ela tirou imediatamente o espinho, que saiu facilmente. Em seguida, disse:

— Nós duas, minha irmã e eu, vamos levá-lo com a gente.
— Mas por quê?
— Porque você sempre desejou minha irmã e eu.
— Impossível!
— Sim, você sempre nos desejou!
— Não, quem eu desejava eram as duas estrelas.
— Mas nós somos as duas estrelas! Antes de se deitar, você não costumava dizer: "Ah, como eu gostaria de me deitar entre elas!".

O homem se convenceu: "Então são vocês! Esperem-me um pouco, vou buscar meu poncho". Mas as estrelas tinham o poder de realizar todos os desejos do homem. Assim que ele disse que ia buscar o poncho, elas lhe disseram:

— Aqui está o seu poncho — e lhe entregaram um poncho.
— Ótimo! Vou buscar minha bolsa.
— Tome, aqui está uma.
— Vou buscar meu arco e minhas flechas.
— Aqui estão eles!

Assim faziam elas: davam-lhe todas as coisas de que precisava: "Sinto falta de minha faca". "Aqui está ela!"

Em seguida, levaram-no para o alto e uma das estrelas lhe aconselhou: "Não olhe para baixo enquanto não tivermos chegado a um pequeno campo que existe lá em cima!". Eles subiram. Ao chegarem ao campo, elas lhe disseram novamente: "Não olhe para baixo, que você poderá cair". De lá, elas foram para um lugar onde havia uma grande aldeia, cujos habitantes os viram chegar. Muitas pessoas, que são chamadas de homens-pássaros,[97] observavam.

— Quem serão eles? — perguntavam-se os homens-pássaros.
— Devem ser as duas estrelas! — alguns diziam.
— Sim, são elas mesmo! — confirmaram outros.
— As duas estrelas estão chegando com seu mariiiido! — gritavam os homens-pássaros. E cada vez mais gente vinha vê-los. As duas estrelas foram para a casa de seus pais.

Naquela época, no mundo dessas pessoas, os ratos eram jaguares. Os homens-pássaros advertiram então as duas estrelas: "Estrelas, escutem. Não deixem seu marido ir muito longe para defecar, pois há muitos jaguares por aí!". Todo mundo tinha medo do jaguar, que, no entanto, era apenas um rato. As estrelas avisaram seu marido: "Não vá defecar muito longe na floresta, pois por aqui o jaguar é muito feroz!".

Havia algo que picava e dava coceira no homem, como se fosse um beija-flor. Ele tinha muita vontade de se livrar disso e decidiu experimentar: "Vou tentar! Vou sair para defecar e ver do que é que eles têm tanto medo". Os outros homens o aconselharam a não ir sem seu arco e flecha, por isso os levou consigo. Mal ele havia se agachado, um rato apareceu perto dele, um daqueles que as pessoas temiam. Ele imediatamente pegou seu arco e flecha, atirou e o matou, levando-o para sua casa. Quando as pessoas o viram, foi uma gritaria: "O marido das duas estrelas matou um jaguar!". Aquelas pessoas eram muito medrosas. Então ele

---

[97] O tema do homem-pássaro aparece no mito de origem das plantas cultivadas (M3), em que os homens adotam os nomes dos pássaros aquáticos (ou seja, dos pássaros que se alimentam de peixes). Por outro lado, esse mito lembra o mito toba em que um homem deseja tanto uma estrela que ela desce à terra e se torna sua esposa; ora, a Estrela toba está na origem das plantas cultivadas.

voltou à terra, levado por It'o, o urubu-rei.[98] Antes, Hutsah, o carancho,[99] tinha pedido para levá-lo. Mas o urubu-rei disse: "Não, sou eu que vai conduzi-lo". "Mande o marido das duas estrelas de volta pra terra!", diziam os homens-pássaros. O carancho se dispunha, mas o urubu não queria nem saber. E as pessoas diziam: "Não, o urubu não, pois ele aterrissa com muita força".

Mas It'o não deu atenção: colocou o homem em suas costas e desceu para a terra. Recomendou-lhe: "Não olhe para baixo enquanto estivermos descendo". Eles se aproximavam da terra e It'o ia cada vez mais rápido. O homem acabou escorregando e caiu em uma lagoa, onde se transformou em *utsitah*, uma enguia.[100]

M30. A ÁGUIA MIIO

Há muito tempo, uma criança criou um filhote de águia que, quando cresceu, a abandonou.[101] Uma epidemia de varíola se abateu sobre a aldeia. Além disso, não havia mais água, era período de seca. As pessoas morriam de sede e devido às doenças. A criança teve então que partir sozinha, e no caminho encontrou Miio, que lhe disse: "Vou buscar água". A criança o contemplou um pouco e exclamou:

— É a minha águia!

— Sim, sou eu! Você precisa ir embora daqui. Tornou-se impossível viver aqui por causa do fedor dos mortos. Algo poderia

---

[98] Urubu-rei: *Sarcorhamphus papa*. *Pala-pala*, em espanhol.

[99] Carancho: *Polyborus plancus brasiliensis*.

[100] Explicação do narrador: os habitantes do céu, os homens-pássaros, são homens antigos. Os habitantes da água, jiboia e enguia, são pessoas da terra que foram ao céu, mas não puderam ficar lá.

[101] Os Chulupi domesticam muitos tipos de pássaros e animais selvagens. Miio não foi identificado, mas não existem águias na América do Sul.
[Pode-se pensar na harpia (*Harpia harpyja*), ave também conhecida pelo nome de gavião-real. (N. do T.)]

acontecer com você. Espere-me um pouco! Vou correr até a casa do meu pai e pegar alguma coisa para você comer.

Pouco tempo depois, Miio voltou, gritando "Tshi! Tshi! Tshi!" e trazendo comida. Deu para criança uma bolacha de milho. "Vamos nos afastar um pouco daqui para não sentir o cheiro dos mortos. Enquanto isso, vou buscar água pra você". Miio lhe trouxe água. "Agora vou levá-lo comigo porque você cuidou de mim quando eu era pequeno. Já avisei o meu pai. Suba em minhas costas, segure-se bem em minhas asas e, sobretudo, nunca olhe para baixo, somente para cima!"

Eles voaram e chegaram à casa da águia. "Desça!" A criança viu as melancias e ficou com vontade de comer. "Não coma ainda!", disse Miio. As pessoas que estavam lá gritavam:

— Miio trouxe seu neto! Agora poderemos correr com ele!

— Não! Vocês não vão correr com meu neto, ele ainda não conhece essas coisas![102]

Em seguida, deram melancias para a criança comer e todos vieram cumprimentá-la. Disseram-lhe: "O chefe se chama Ahakohlai, é o pai dos pássaros. Quando ele vier cumprimentá-lo, não responda nada! Somente na quarta vez diga-lhe algo". Os homens começaram a beber cerveja de milho. O chefe estava entre eles, com sua enorme barriga. Eles convidaram a criança para beber e ela se sentou no círculo de bebedores.[103] O chefe se levantou e lhe disse: "Então você chegou?". A criança não respondeu. O chefe lhe dirigiu a palavra três vezes, mas somente na quarta vez a criança lhe respondeu:

— Sim, cheguei!

— Talvez você seja capaz de matar os jaguares que existem por aqui? Eles já mataram muitas mulheres.

A criança já era bastante grande, mas ainda tinha medo do jaguar e nunca se afastava muito do seu avô Miio. Um dia, ficou com vontade de ir caçar pássaros, e seu avô lhe preveniu: "Tome

---

[102] A corrida Chulupi não é uma brincadeira de criança, mas uma prova física em que os jovens são testados.

[103] As mulheres e as crianças podem beber chicha, a cerveja de milho, mas não a cerveja de mel e de alfarroba, reservadas aos homens adultos.

cuidado para não matar as moças!". Elas eram patos que, quando se banhavam, se transformavam em mulheres e, quando saíam da água, transformavam-se novamente em patos. "Nesse caso", disse o jovem, "eu não vou mais sair para caçar, assim não me engano; não quero correr o risco de matar uma mulher achando que é um pássaro." Muito tempo depois, o jovem teve vontade de sair durante a noite e comunicou seu desejo ao avô, que lhe disse:

— Não saia! Faz duas noites que o jaguar ronda sem parar a aldeia para matar as moças.

— Nesse caso, não irei.

Mas quando todo mundo dormiu, ele se levantou para ir defecar. Por medo do jaguar, armou-se com uma borduna. Enquanto defecava, o jaguar o atacou e mordeu sua nuca. Mas o jovem o segurou com uma mão e o jogou no chão; em seguida, golpeou-o e o matou. O jaguar dessa região era Koktsitah, o rato. O jovem se levantou, pegou o jaguar pela pata e voltou para a aldeia. Chegando lá, perguntou ao avô:

— Que animal é esse que eu acabei de matar?

— É o jaguar! É o jaguar! Iaoh! Iaoh!

E todo mundo gritava: "O neto de Miio matou o jaguar! Que bom que ele o matou!".

Na noite seguinte, o jovem saiu novamente, com a intenção de matar o jaguar-fêmea; agora ele não tinha mais medo, pois sabia com que tipo de jaguar estava lidando. Aconteceram as mesmas coisas de novo e ele matou a fêmea.

No dia seguinte, ele saiu para passear e matou um pato: mas era uma jovem. Ele havia esquecido as recomendações do seu avô e foi dizer a Miio o que tinha acontecido:

— Matei um pato!

— Mas por que você matou essa jovem? Vou te levar comigo; do contrário, algo poderá acontecer com você!

Nesse momento, chegou It'o, o urubu, que disse: "Sou eu que vai levá-lo! Sei onde vivem seus parentes". O jovem subiu nas costas de It'o, agarrou-se bem às suas asas, e eles voaram. It'o sobrevoou a aldeia do jovem e, em seguida, voou rente ao solo, gritando ao jovem: "Desça! Desça! Ande! Ande!". Ele repetiu três vezes essa manobra, sobrevoando a aldeia e dizendo ao jovem para descer: mas It'o voava muito rápido. "Estou com sede!", exclamou o jovem. "Vamos para lá, ali tem água." Eles voaram nessa direção, mas antes It'o o advertiu: "Quando nos aproximarmos da água, não diga: sou Anuklah, a jiboia, e quero água; ao contrário, diga: sou um *Nivaclé*, um homem, e quero beber! É isso o que você tem que dizer pra água!". E Ito'o se preparou para descer. Quando chegaram bem perto da água, gritou ao jovem: "Pule! Pule!". Mas, quando o jovem se jogou na água, ele gritou: "Anuklah!", transformando-se imediatamente em jiboia.

Desde essa época, a jiboia vive na água.

V.
HISTÓRIAS DE CANIBAIS[104]

M31. Os K'utshatah

Um dia, um grupo de crianças construiu um abrigo próximo de uma fonte de água para matar os pássaros que ali iam saciar a sede. Os pais das crianças tinham ficado na aldeia, não longe dali. De repente, surgiu um K'utshatah, um anão, que também vinha saciar sua sede. Ele se agachou e bebeu toda a água que havia no buraco. Logo depois, sua mulher chegou: "Por que você bebeu toda a água?", disse ela. "Por que você não me esperou pra bebermos juntos?" Então, o velho anão segurou a própria barba, a torceu, e a água jorrou dela. A mulher se abaixou e também bebeu toda a água de uma só vez. Os peixes pequenos ficaram sem água. As crianças se divertiam a valer; começaram a rir ao ver que pessoas tão pequenas eram capazes de beber tanta água: "Hi! Hi! Hi!". Os anões as ouviram: "São nossas crianças que estão lá!", disseram eles. Aproximaram-se para ver, entraram no abrigo das crianças e apanharam duas delas; as outras conseguiram escapar. Os anões mataram as duas crianças e cada um comeu uma delas. As outras alertaram seus pais, que começaram a perseguir os anões. Mas não encontraram nada. Os K'utshatah já estavam longe.[105]

---

[104] [Os índios do Chaco não são canibais, mas estão próximos de tribos que, antigamente, praticavam o exocanibalismo: os Guarani a leste, os Chiriguano a oeste.]

[105] Os anões, que vivem na floresta, são os ancestrais do mel e os mes-

M32. Os K'utshatah (variante)

Um dia, um homem e seu filho foram buscar mel. Encontraram uma colmeia de *shimbo'o*, abriram-na e apanharam o mel. Seus companheiros, que estavam bem mais à frente, o chamavam. O pai dizia: "Vamos embora, filho! Os outros já estão longe". Ele partiu e o filho ficou para lamber o mel que tinha sobrado na colmeia. Estava agachado, ocupado em comer o mel e lambendo os dedos, quando surgiu o anão por detrás dele e lhe desferiu um golpe de bordunha na cabeça. Em seguida, o anão saiu à procura do pai. Quando o pegou, matou-o também, com um único golpe. Logo chegou a mulher de K'utshatah; eles comeram o pai e o filho crus mesmo, sem deixar sobrar nada. Depois foram embora, abandonando a bolsa, o machado e os odres com mel do homem.

Mais tarde, um outro homem e seus filhos também saíram em busca de mel. Encontraram uma colmeia e coletaram muito mel. Quando encheram os odres, feitos de pele de ema, o homem e o filho retornaram à aldeia. Mas o mais novo ficou para trás para lamber as sobras do mel. Os outros o chamavam para junto deles: "Já estou indo!", ele respondia. "Venha! Venha!", continuavam os outros, e suas vozes iam ficando cada vez mais distantes. Apareceram os dois K'utshatah, que o prenderam e o levaram com eles. A criança ficou com medo e começou a chorar. Mas eles o consolaram dizendo que o queriam como neto. Então o mantiveram com eles e começaram a engordá-lo. Davam-lhe tudo o que queria. Tinham o poder de transformar um tronco de árvore em qualquer animal, simplesmente batendo nele. E quando a criança tinha sede, o velho a fazia sugar sua barba, de onde saía água. Enquanto o

---

tres da água. Mel e água são indissociáveis, pois o mel, seja ele consumido cru ou — o que é mais frequente — fermentado, deve ser sempre diluído em água. Protetores do mel, os anões ficam bravos e podem aparecer quando um homem o desperdiça, deixando, por exemplo, muito mel na colmeia, ao invés de dar a um de seus companheiros. É por essa razão que os Chulupi esvaziam as colmeias e comem as larvas jovens das abelhas. (Os Guarani e os Guayaki, ao contrário, sempre deixam um pouco de mel para o mestre das abelhas, e não comem as larvas.) Os anões se alimentam de mel e são antropófagos.

engordavam, pensavam em comê-lo. Todo dia eles apalpavam seu fígado para ver se estava engordando bem.

Naquela época, o pai da criança, que era um feiticeiro, enviou seu espírito auxiliar, na forma de serpente, em busca do filho.[106] Depois de procurar muito, uma noite, o espírito-serpente encontrou a criança dormindo junto aos dois anões. Ele a acordou devagarinho e disse: "Foi seu pai quem me enviou. Tente se livrar desses velhos". Mas a criança estava presa entre os dois K'utshatah, que a abraçavam. Então a serpente ergueu, um a um, os braços e as pernas deles para soltar a criança; isso feito, foram embora. Depois de caminhar por algum tempo, a serpente disse à criança: "Suba nas minhas costas! Assim você não deixará rastros". Caminharam por dois dias e finalmente chegaram ao lugar onde o pai estava plantando. Durante todo esse tempo, os dois velhos sentiram falta da criança: "Onde está nosso neto?", queixavam-se eles.

O pai viu que alguém estava chegando: "Quem será?", ele se questionou. E, quando a criança chegou perto, ele perguntou:

— Quem é você?

— Eu sou Tiia, aquele menino que os dois velhos da floresta raptaram, pois eu havia ficado na árvore de onde havíamos extraído o mel. Ali mesmo os velhos me prenderam e me raptaram.

— Que bom, estou contente por reencontrar meu filho.

O pai imediatamente rompeu seu colar de luto, feito de contas negras; e foi correndo até uma poça d'água apagar também as pinturas negras de luto. Em seguida, levou a criança para casa, junto de sua mãe, que imediatamente retirou sua saia negra de luto.

Alguns dias mais tarde, o pai decidiu ir à floresta com seu filho, em busca dos K'utshatah. Começaram a procurar mel e encontraram uma colmeia. Enquanto a abriam, os dois velhos ouviram os golpes de machado e se aproximaram. O homem subiu na árvore utilizando sua corda. Os velhos estavam cada vez mais perto. É muito fácil saber que os K'utshatah estão chegando, pois é

---

[106] Os xamãs são auxiliados por espíritos animais que, em suas curas, são enviados em busca do espírito do doente. Cf. M70, notas 170 e 171.

possível ouvir o barulho que eles fazem ao bater sua borduna. "Aí estão eles! Estão chegando!", murmurava o homem, que queria muito vê-los. "Venham! Venham! Vou tratá-los bem!" E começou a preparar a estopa para colher o mel,[107] enrolando com ela uma lasca de madeira bem dura e pontiaguda. Os velhos diziam: "Ah! Estou contente de ter reencontrado meu neto!". O homem, por sua vez, pensava: "E eu também estou muito feliz de ter encontrado vocês! Porque sofri muito quando vocês raptaram meu filho". "Abram a boca!", gritou, "que eu vou jogar a esponja com mel." Ele a jogou junto com a lasca de madeira que estava escondida dentro dela. O velho abriu a boca e quis engolir a estopa. Mas ele não conseguia, porque a lasca atravessou sua garganta.[108] Então o homem aproveitou para matar os dois.

M33. O HOMEM QUE SE TRANSFORMOU EM TSAMTAH

Um jovem que sempre comia carne crua se transformou em Tsamtah.[109] Ele tinha um amigo, do qual era inseparável. Esse amigo um dia desapareceu: na verdade, o jovem o havia devorado. Ele começou então a matar as pessoas da aldeia. Todos tinham muito medo dele e então foram embora, com exceção de um cego e seus filhos: "Pouco importa que meu sobrinho me coma!", disse ele.

---

[107] Cf. M24, nota 85.

[108] Note-se que os K'utshatah, mestres do mel e da água, são mortos da mesma forma que Lik na mitologia toba (engolindo mel que contém uma lasca de madeira pontiaguda). Pode-se dizer que Lik, mestre dos peixes, é apaixonado por mel: ele às vezes engole homens, que sempre são coletores de mel. Por outro lado, em outro mito toba (Métraux, 1946a), Carancho transforma peixes em mel.

[109] Proibição absoluta de comer carne malcozida, em que ainda há sangue. Quando alguém quer comer carne malcozida, dizem-lhe: "Não coma! Senão você se transformará em Tsamtah!". Os Tsamtah são espécies de ogros e ogras.

Histórias de canibais

Aqueles que tinham fugido fizeram uma plantação de milho perto da nova aldeia. Depois de algum tempo, Tsamtah os reencontrou e disse: "Encontrei vocês!". As pessoas saíram de suas casas, achando que era um homem: Tsamtah os atacou e comeu três deles. Todos fugiram novamente, abandonando a aldeia e a plantação. O cego disse a seus filhos: "Meus filhos! É preciso queimar todas as outras casas. Eu não sei o que aconteceu com os moradores delas, que não aparecem mais". Ele e seus filhos tinham comida em abundância, pois os outros haviam abandonado suas colheitas. Estes fugiram para muito longe, fizeram uma nova aldeia e plantaram milho. Quando o milho estava quase maduro, Tsamtah surgiu novamente e comeu muitos homens. Os sobreviventes fugiram de novo, para mais longe, e recomeçaram a plantar milho.

Então, chegou a chuva, uma chuva fina. Tsamtah tinha frio e voltou para a primeira aldeia. "Tsamtah está voltando!", disse o cego. Ele e seus filhos estavam bem fechados em casa. Tsamtah viu que tudo estava queimado, exceto uma casa: "Deve ter alguém ali", pensou ele, pois sentia cheiro de fogo.

— Meu tio! Você está dormindo? Traga-me algo para que eu também possa fazer fogo.

— Não, eu não te darei nada!

— Está bem! Então envie-me meus primos!

— Impossível! Eles estão dormindo. Mas estenda sua mão, vou lhe dar fogo.

Tsamtah esticou a mão, mas com dificuldade. Suas unhas estavam muito longas. "Aproxime mais!", pediu o tio. Tsamtah esticou um pouco mais. "Aproxime mais ainda! Desse jeito eu não consigo lhe dar o fogo!" Tsamtah passou então o braço pela parede e o tio amarrou seus pulsos com uma corda. Em seguida, acordou seus filhos para o ajudarem. Tsamtah estava preso:

— Meu tio! Não me trate assim! Eu sou pobre.

— Ah, agora eu lhe peguei!

— Mas eu sou seu sobrinho![110]

— Pouco importa!

---

[110] Sobre a relação tio-sobrinho, cf. M60, nota 150.

Eles o deixaram ali a noite toda. De manhã cedo, asseguraram-se de que Tsamtah estava morto enfiando uma flecha em seu corpo, ele não se mexeu. "Vamos sair!", disse o velho, "acho que ele está morto." Eles saíram. "Não vamos enterrá-lo, vamos queimá-lo. Cavem uma vala." Eles cavaram e fizeram uma fogueira no fundo do buraco. Quando já havia muita brasa, jogaram Tsamtah dentro, que foi carbonizado. Depois, prepararam-se para ir ao encontro dos outros: "Quantos será que ainda existem?", perguntou-se o cego. "Tsamtah viveu muito tempo da caça aos homens."

Eles se puseram a caminho e chegaram à primeira plantação: o milho estava maduro, mas não havia ninguém. Andando um pouco mais, chegaram à segunda aldeia: o milho estava quase maduro, mas lá também não encontraram ninguém. Foram embora e chegaram a uma plantação de milho ainda verde, que também estava vazia. Continuando a caminhada, encontraram uma plantação de milho muito recente: ninguém. Passaram a noite ali. Ao amanhecer, partiram novamente e chegaram a uma plantação em que o milho estava em flor. Ali, os filhos encontraram ossos:

— São os ossos dos nossos parentes!

— Quantos será que Tsamtah comeu? Vamos continuar. Eles não devem estar muito longe, pois aqui a plantação ainda é bem recente.

Continuaram e chegaram a uma plantação em que o milho estava pequeno, ainda sem flores. E mais à frente, encontraram uma plantação de milho que começava a brotar. Passaram a noite ali, perto de uma lagoa. No dia seguinte, eles retomaram a caminhada e viram uma plantação em que os talos tinham acabado de sair da terra. Mais à frente, depararam-se com uma outra, em que mal se viam os brotos. À tarde, chegaram a um campo recentemente semeado: ainda era possível ver os buracos na terra. Eles dormiram lá e encontraram três esqueletos de homens: "Quantos ainda estarão vivos?", perguntava-se o velho. "Amanhã, vamos procurar seus rastros." Eles encontraram um caminho e o seguiram.

Depois de caminharem por muito tempo, chegaram a um campo pronto para ser semeado. "Eles ainda não plantaram aqui!", notaram os filhos. Continuaram a busca e, no final da tarde, escutaram vozes: "Aí estão eles", exclamou o velho. Já era noite quando eles chegaram à aldeia. "São vocês que estão aí?", perguntou. Mas os outros fugiram, pois Tsamtah sempre se dirigia a eles daquela forma. "Não tenham medo!", exclamou ele, "eu sou o velho cego! Vim lhes dizer que eu matei Tsamtah. Não fujam!" E as mulheres diziam: "É nosso tio! É nosso avô que veio nos anunciar a morte de Tsamtah! Não fujam!". O cego ficou três dias com eles. No quarto dia, todos retornaram juntos para fazer a colheita. Quando chegaram à velha aldeia, o velho mostrou Tsamtah morto; eles viram seu esqueleto. Então mudaram a aldeia de lugar.[111]

M34. TSAMTAH

Certa vez, um homem foi visitar outra aldeia. Quando chegou, não encontrou ninguém. Entrou em uma das casas e, depois de fechar a porta, deitou-se para descansar um pouco. Então, Tsamtah chegou. Ao passar perto da casa, ouviu os roncos do homem e compreendeu que havia alguém ali. Deitou-se ao seu lado, passou uma mão por debaixo do seu pescoço e colocou a outra sobre seu peito, abraçando-o. Ela não o comeu imediatamente: antes, queria dormir com ele e pôs uma de suas pernas entre as pernas do homem. Era noite, e ela adormeceu.

Ao amanhecer, o homem acordou e escutou uma voz que vinha do alto e dizia: "Que alegria! Agora eu tenho carne!". Tsamtah ainda dormia, mas o homem percebeu que era sua barriga que falava. Felizmente, ele se conteve e não afastou brutalmente a mão que estava sobre seu peito. Observando-a bem, reconheceu que sua vizinha era Tsamtah. Devagar, afastou a perna e a mão da mulher e se levantou com cuidado para não acordá-la. Pegou sua arma, suas penas de ema e saiu discretamente da casa, caminhando na ponta dos pés. Depois começou a correr e correu a manhã inteira, até ter vontade de defecar.

Tsamtah percebeu naquele momento que o homem tinha de-

---

[111] As pessoas são enterradas na floresta. Quando alguém morre, no dia seguinte, eles mudam o local da casa onde o morto vivera.

sapareceido. Exclamou: "Hum! Minha carne foi embora! Mas ela não irá muito longe!". O homem continuava a correr e, quando passou por uma árvore queimada, o camaleão o chamou:

— Shtt! Venha aqui e se esconda em minha toca! Aqui você não corre riscos.

— Tenho medo de me queimar aí!

— Não, você não vai se queimar.

Já se podia ouvir a voz de Tsamtah, que se aproximava. Então, o camaleão disse: "Me dê algumas plumas e sua bolsa. Você vai ver como elas não vão se queimar". Ele as colocou no buraco e elas não se queimaram. "Entre você também!", insistiu o camaleão. O homem viu que Tsamtah estava muito perto. Ela gritava: "Ah! Encontrei minha carne!". Apesar do medo de se queimar, o homem correu para dentro do buraco. Ele não se queimou. Tsamtah, que vinha em seu encalço, também pulou, mas começou a se queimar. Ela urinou em sua mão e se esfregou com a urina para se refrescar: mas a parte queimada se desgrudou dela. Ela saiu do buraco gritando: "Que quente! Está doendo!". O homem também saiu e o camaleão lhe disse: "Você viu? Você não acreditou que eu ia lhe salvar". "É verdade!", reconheceu o homem. Ele foi embora, retomando o caminho da aldeia que queria visitar. Quanto a Tsamtah, mal ela chegou à aldeia deserta, e já morreu, completamente queimada.

M35. Tsamtah e os dois irmãos

Dois irmãos foram para a floresta à procura de mel. Encontraram uma colmeia de *shimbo'o*, alargaram sua abertura e encheram suas bolsas de mel. Já era bem tarde e eles tinham sede. Escutava-se ao longe o coaxar das rãs. O caçula decidiu ir buscar água, apesar de seu irmão mais velho lhe dizer: "Não vá! Está tarde!". Tsamtah seguia os rastros dele. Quando estava agachado bebendo água, Tsamtah o agarrou por trás.

Depois de algum tempo, vendo que ele não voltava, o irmão mais velho foi procurá-lo, seguindo seus rastros. Chegou à fonte de água e ouviu um galho se quebrando: era um osso do seu irmão. Surpreso, ele disse:

— Ah! O que é isso?

— Isso? São os ossos do seu irmão! — respondeu Tsamtah.

O homem cortou um galho para lutar com Tsamtah, que tinha uma borduna. Com seu bastão, ele se defendeu do primeiro golpe e a borduna de Tsamtah se quebrou. O homem perseguiu Tsamtah até que a borduna se reduziu a migalhas. Depois, bateu na cabeça de Tsamtah, mas isso não lhe provocou nada. "Ainda bem que você não bateu em meu tornozelo!", gritou Tsamtah. De fato, era ali que ficava seu coração e seu ponto mais fraco. Então o homem bateu ali e Tsamtah morreu. Ele cortou seu rabo. "Com certeza a mulher de Tsamtah também virá", pensou ele. Nesse instante, um assobio emanou da barriga de Tsamtah, "sutututututu!", elevando-se pelos ares. Tsamtah estava chamando sua mulher, que veio pelo alto e caiu no lugar onde estava o marido. O homem começou a lutar com ela. A mulher também estava armada com uma borduna, que se quebrou completamente. Ele bateu em sua cabeça, depois em seu tornozelo, e ela morreu. Esperou um pouco e, de repente, um assobio emanou da barriga da mulher. Os filhos de Tsamtah disseram que já estavam chegando. "Agora estou perdido", pensou o homem, "eles com certeza vão me comer!". Tsamtah tinha muitos filhos, mas eles acabaram não aparecendo.

Então o homem se levantou e também cortou o rabo da mulher. Depois foi procurar suas bolsas com mel, mas não conseguiu encontrar o lugar onde as tinha deixado. Passado algum tempo, ele se viu no mesmo lugar de antes, onde tinha lutado com Tsamtah e sua mulher. Fez mais três tentativas, até se dar conta de que o rabo de Tsamtah estava sobre as bolsas, e por isso não conseguia encontrá-las. Então jogou o rabo para o lado, sobre os corpos mortos, e conseguiu reencontrá-las, voltando em seguida para a aldeia. Um pouco antes de chegar, começou a chorar. As pessoas vieram encontrá-lo:

— O que está acontecendo?

— Tsamtah comeu meu irmão mais novo. Eu disse a ele para não ir buscar água, pois já era noite. Tsamtah já estava nos perseguindo, mas nós pensamos que era um passarinho que cantava. Meu irmão não escutou o que eu lhe disse, partiu e Tsamtah o matou. Eu cortei o rabo deles para mostrar a vocês, mas tive que largar no caminho para encontrar meu mel. Eu rasguei as bolsas do meu irmão e trouxe de volta apenas as minhas. E agora estou aqui.

M36. Os filhos de Tsamtah

Certa vez, um homem saiu para procurar mel. Naquela época, os filhos de Tsamtah tinham se tornado perigosos. O homem os ouviu chegarem por trás dele e lançou sua corda na árvore Nasuk, para se esconder dentro do oco do seu tronco. Tsamtah chegou e começou a farejar em volta da árvore. O homem tentou tapar com cera todas as aberturas do tronco. Fechou o buraco maior com seu cesto. Tsamtah começou a farejar pelos buracos: "Ah! É aqui que está minha comida!", disse ele, quebrando um pedaço de pau e introduzindo-o no buraco. Sentiu o cheiro da ponta da vara com que havia tocado o homem: "Sim, sim! Ela está aqui!". Mas ele não conseguia subir, pois o tronco da árvore Nasuk é muito escorregadio. As rãs não paravam de coaxar: estavam perto de uma lagoa. Tsamtah farejou de novo, reintroduzindo o bastão e tocando o flanco do homem, que mudou de lugar. "Como vou fazer para comê-lo?", perguntava-se Tsamtah. Já estava escuro, e ele permaneceu ali a noite toda. As rãs continuavam a coaxar. Tsamtah, furioso, foi à beira do rio e bateu com o bastão na água, para calá-las: "Por causa delas a gente não consegue escutar nada!". O dia já estava nascendo. Tsamtah choramingava: "Vai amanhecer e não fiz nada!". Tentou escalar a árvore, mas caiu novamente. Então, em lágrimas, disse ao homem: "Adeus, minha carninha assada! Voltarei à tarde!". E partiu.

Com pequenos movimentos, de dentro do tronco o homem começou a abrir os buracos com seu machado para poder sair. Em seguida, voltou para a aldeia, sem mel. Ao se aproximar, ele escutou as pessoas chorando. Elas o viram chegar e ele disse que Tsamtah o tinha encurralado. Ele estava muito machucado devido aos maus-tratos de Tsamtah, que tinha batido em suas costelas, deixando-o em carne viva e todo roxo. Explicou que, graças a Nasuk, tinha conseguido fugir; que havia sentido muita sede, pois não podia sair para beber água; e que Tsamtah tinha prometido voltar à tarde: "Com certeza ele vai voltar!".

M37. O pássaro Sitibibi

Era uma mulher velha. Um dia, ela disse: "Amanhã vou buscar raízes de caraguatá. Perto daqui, tem uma colmeia de abelhas *vastse*, que fazem seu ninho na terra. Nessa colmeia tem muito mel". No dia seguinte, ela partiu, acompanhada de um jovem: "Aqui!", disse ela. "Cave! Enquanto isso, vou buscar caraguatá." O jovem começou a cavar e rapidamente encontrou a colmeia. Então chamou a velha: "Avó, eu encontrei, venha ver!". Ela chegou e eles comeram o mel. Em seguida, ela disse: "Pegue uma vara e bata em mim, bem em cima do meu nariz". O jovem lhe desferiu um golpe, mas a vara ricocheteou e acabou atingindo seu próprio nariz. Ele morreu e a velha o comeu.

A velha agiu assim com muitos jovens, até que um homem adulto, Fitso'oich, o grande xamã, quis saber o que estava acontecendo. A velha o convidou a ir com ela procurar mel *vastse*. Mas o homem cavou profundamente, o bastante para conseguir ficar de pé dentro do buraco. Em seguida, chamou a velha, que veio correndo, e eles comeram o mel juntos. Então ela lhe disse: "Meu neto! Estou com dor aqui, acerte-me com uma vara". Ele a acertou e a vara ricocheteou, mas ele saltou no buraco que havia cavado e a vara caiu de través no buraco. Fitso'oich então saiu da terra e disse: "Então era você quem matava todos os jovens! Pois agora chegou a sua vez, vou matá-la". Pegou o bastão, bateu na garganta da velha e ela morreu.

É por isso que até hoje o pássaro *sitibibi* tem uma mancha negra na garganta.

M38. It'o, o urubu

It'o tinha o costume de ir procurar mel com os jovens. Ele já era um homem velho. Um dia, convidou um de seus netos para ir com ele. Quando chegaram à floresta, encontraram uma colmeia e It'o alargou sua abertura. Deu um pouco de mel ao jovem e, em seguida, decidiu que iriam se separar para procurarem outras colmeias sozinhos. Depois de algum tempo, It'o deu um grito: "Heh!". O jovem respondeu. It'o lançou *p'ok*, a flecha para caçar pássaros, na direção do garoto, atingindo-o na cabeça e matando-o. Então It'o se aproximou e começou a comê-lo.

Depois de algum tempo, as pessoas começaram a ficar desconfiadas. O velho feiticeiro Fitso'oich foi encontrar It'o e lhe disse: "Ouça avô! Amanhã eu quero ir procurar mel com você". "Muito bem, nós vamos." No dia seguinte, saíram juntos e, quando chegaram à floresta, It'o disse: "Você vai por aqui, e eu vou por ali". O velho feiticeiro tinha reparado num *tisu'uh*, um quebracho-vermelho, oco. Começou a golpear seu tronco com o machado, ainda que não houvesse mel ali. Em seguida, chamou It'o: "Hum!", e se escondeu dentro do tronco. It'o respondeu: "Heh!", e imediatamente atirou sua flecha. O velho feiticeiro, escondido dentro do tronco, ouviu a flecha voar, *fuu! fuu! fuu!*, e se chocar contra as árvores no caminho até colidir com o tronco. Ela queria muito entrar na árvore. Tentou várias vezes, até que se quebrou em muitos pedaços. It'o chegou perto da árvore e o velho saiu do tronco, transformado em criança:

— Avô! O que você queria fazer comigo?
— Nada de mais! Eu queria apenas matar uma pomba.

O velho feiticeiro chamou os três homens que estavam com ele:

— Vamos matar It'o.
— Não, não! — exclamou ele. — Assim vocês não terão mais avô!
— Sim! Mas é você que estava matando os jovens! Foi você que comeu todos eles! Agora vou matá-lo.

E o matou. Depois voltou à aldeia e contou tudo aos demais.

M39. Kustah, a cotovia, e o pássaro Cheten

Kustah e Cheten organizaram uma competição para saber quem conseguiria cantar a noite inteira sem dormir. "Minha amiga", disse Kustah, "vamos apostar para ver quem é capaz de cantar noite e dia!" Eles começaram de manhã, cantaram o dia inteiro e continuaram durante a noite. Por volta da meia-noite, Cheten adormeceu, mas ainda se podia ouvir seu canto: ela cantava com o ânus. Kustah, por sua vez, continuou cantando de verdade. Quando Cheten acordou, ela voltou a cantar com a boca. No dia seguinte, novamente, eles passaram o dia todo cantando. Quando anoiteceu, Kustah estava muito cansado, enquanto isso, Cheten dormia e continuava cantando pelo ânus. De manhã bem cedo, Kustah fez uma fogueira; ele estava exausto. De repente, desabou, derrotado pelo sono, e uma de suas patas se queimou no fogo, sem ele perceber. Quando se deu conta, sua pata já estava bem cozida e ele começou a coçar a parte queimada. Um outro pássaro passou e lhe perguntou: "Por que você aceita jogar com Cheten? Ela canta com o ânus!". Kustah continuou coçando sua pata e dela saía um perfume muito agradável, que lhe dava vontade de comer. Continuou coçando e, por fim, provou um pouco: "É muito bom!", disse ele. Coçou até o osso e, em seguida, afiou sua ponta.[112]

Kustah sempre tinha fome. Ele se lembrou então de seus netos, que sempre lhe diziam:

— Será que nosso avô sabe procurar mel?

— Podemos ir quando vocês quiserem.

Kustah convidou então um de seus netos para ir procurar mel. A criança encontrou uma colmeia e Kustah se aproximou para ver. Colocando-se atrás dela, ele enfiou sua pata pontiaguda em suas costas, matando-a. Levou-a para mais longe e começou a assá-la. Passou o dia inteiro comendo a criança. No fim do dia, voltou para a aldeia. Perguntaram-lhe:

— Onde está seu neto?

— Ele partiu em outra direção.

---

[112] Reconhece-se aqui o tema, bastante comum na mitologia sul-americana, do homem com a perna pontiaguda.

Kustah continuou comendo seus netos, um a um. As pessoas se perguntavam: "Onde estão as crianças de Kustah? Não as vemos mais, não as escutamos mais. Com certeza ele as matou".

Elas foram encontrar Fitso'oich, o velho xamã poderoso, e lhe informaram: Kustah está matando todos os seus netos. "Sim! Com certeza é ele quem está fazendo isso. Irei com vocês agora mesmo." À noite, eles chegaram à casa de Kustah e o xamã perguntou se ele ainda tinha mel em suas bolsas: "Eu comi tudo com meus netos", respondeu Kustah. O velho xamã o convidou então a ir procurar mel com ele no dia seguinte. Eles entraram na floresta:

— Eu vou por aqui e você por ali — disse Kustah.

— Eu vou ficar no meio para que ele se dirija diretamente a mim — decidiu Fitso'oich.

Fitso'oich ficou perto de um quebracho bem grande. Apanhou sua corda[113] e a jogou sobre a forquilha da árvore; em seguida, segurou-se nela e começou a correr por todos os lados. Depois, chamou Kustah, "Hum!", que chegou correndo, já decidido a matá-lo com sua perna pontiaguda. Mas Fitso'oich desviou do ataque, segurando-se na corda, e a perna de Kustah se enfiou na árvore, quebrando-se pela metade. Kustah atacou novamente, três vezes, mas o velho, agarrado em sua corda, corria, e a perna pontiaguda sempre atingia o tronco, quebrando-se a cada vez um pouco mais. No terceiro ataque, o osso se quebrou completamente e Kustah caiu.

O xamã, transformado em criança, lhe disse: "Avô, o que você queria fazer comigo? Então foi você que matou as outras crianças!". Ele chamou seus companheiros:

— Venham! Vamos matar Kustah!

— Por que vocês vão fazer isso com seu avô?

— Porque você queria me matar — respondeu o velho xamã.

Os outros chegaram, mataram Kustah e fizeram uma fogueira sobre ele. Metade do seu corpo já estava queimado quando se ergueu no ar um pássaro — uma calhandra, ou cotovia —, que

---

[113] Quando o ninho das abelhas está muito alto, os homens sobem na árvore com a ajuda de uma corda.

desde então passou a existir. De volta à aldeia, os homens anunciaram a morte de Kustah. Todos estavam muito felizes e o número de crianças parou de diminuir.

M40. As duas mulheres que deram nomes a si mesmas

Antigamente, havia duas mulheres que deram nomes a si mesmas.[114] Elas foram capturadas por pessoas que eram canibais. Uma delas tinha um garotinho. Quando chegaram à aldeia de seus sequestradores, elas entraram em acordo calmamente. As pessoas estavam comemorando o rapto; dançavam, alegres por terem algo para comer no dia seguinte. Então, uma das mulheres disse:
— Wotla, nós vamos fugir hoje à noite. Há ali uma abertura por onde passam os cachorros.
— Sim, vamos escapar.
— É você quem vai fugir primeiro.
A criança estava embrulhada em trapos. As mulheres escaparam enquanto as pessoas ainda dançavam alegremente. Elas saíram caminhando na ponta dos pés: *ak, ak, ak*. Instantes depois da partida delas, a criança, que elas tinham abandonado na casa, começou a chorar. Os dançarinos escutaram: "Ouçam! A criança está chorando. Com certeza as mulheres fugiram!". Foram verificar e constataram o desaparecimento. "Elas fugiram!", gritaram. Imediatamente, eles começaram a persegui-las, seguindo seus rastros, mas elas já estavam longe. Quando as duas chegaram em um lugar que estava todo queimado, uma delas falou: "Wotla! Você irá por aqui, e eu por ali!". Dois caminhos apareciam então sobre as cinzas. Os canibais tinham um cachorro; mandaram-no seguir o rastro delas, e ele começou a farejar. Mas as mulheres, para não dei-

---

[114] Além disso, deram-se nomes absurdos, desconhecidos dos Chulupi.
[Nomear a si mesmo é tão absurdo quanto comer a si mesmo, como no mito precedente. Quanto à atribuição do nome e seu uso, cf. Documentos etnográficos.]

xarem rastros, subiram em um monte de galhos, passaram para o outro lado e se esconderam debaixo de um grande arbusto. Os homens confiavam muito no cachorro e elas podiam ouvi-los, incentivando-o: "Ki! ki! ki! ki!". O cachorro parou diante do arbusto, mas não fez nada: "Escute, cachorro!", disse-lhe uma mulher, "não me traia. Volte para junto dos seus donos. Você não se lembra de toda a comida que eu lhe dei esses dias?". Então o cachorro voltou para junto dos canibais que, vendo-o, disseram: "Que pena, parece que o nosso cachorro não conseguiu encontrar as mulheres!". Deram meia-volta e retornaram para a aldeia. As mulheres continuaram a caminhar até encontrarem uma campina. Ali, cada uma construiu uma casa para si. Melhor seria se tivessem construído uma só casa, para viverem juntas!

VI.
DUAS FIGURAS DO ENGANADOR[115]

M41. O TATU E O JAGUAR

Uma vez, o tatu laranja e o jaguar saíram juntos para caçar na floresta. Eles caminharam durante algum tempo até que avistaram uma anta. O tatu atirou uma flecha e a atingiu. A anta fugiu com a flecha, correndo na direção do jaguar. Então o tatu preveniu seu companheiro: "Por ali! Minha caça está indo por ali!". O jaguar ouviu, mas não respondeu. A anta, machucada, morreu diante dele. O jaguar logo arrancou a flecha que o tatu havia atirado e a trocou por uma flecha sua. Em seguida, chegou o tatu:

— Companheiro — disse ele —, acho que essa caça é minha!
— Nada disso, companheiro, essa caça é minha!

Ficaram ali discutindo sobre a caça, mas o jaguar era mais esperto do que o tatu. Ele lhe sugeriu: "Tente atirar nela novamente". O tatu atirou uma outra flecha e acertou exatamente no mesmo lugar em que antes havia ferido a anta: assim, estava claro que

---

[115] [Reunimos sob esse título as narrativas cujo herói é o jaguar ou a raposa. Se no Chaco a raposa encarna bem o personagem do enganador (*trickster*), o jaguar é certamente mais complexo: caçador temido, capaz de concorrer com os homens — M47 e M48 —, ele é, ao mesmo tempo, ludibriado e perturbado pelos seres mais fracos do que ele, um pouco à maneira do lobo Ysengrin. Quando assume este último aspecto, o jaguar desempenha justamente o papel que os mitos toba atribuem à raposa.]

[O lobo Ysengrin é personagem de um conjunto de fábulas francesas do século XII, cujos autores são em grande parte desconhecidos, reunidas em um volume único com o título *Roman de Renart*. (N. do T.)]

a caça lhe pertencia. O jaguar exclamou: "Companheiro, essa caça com certeza é sua e você também receberá a sua parte!".[116]

Juntos, levaram a presa para perto de uma fonte de água e tiraram seu couro. Em seguida, deceparam o animal para fazer a divisão. O jaguar perguntou ao tatu:

— O que você gostaria de comer?

— Eu quero uma pata.

— Ha! Ha! Você certamente não a comeria. Essa parte você não pode comer, pois corre o risco de receber uma flechada na perna.

— Está bem, sendo assim, eu quero levar a outra pata.

— Mas é a mesma coisa! Você vai receber uma flechada na outra perna! Mas você pode escolher outra parte: o que você deseja?

— Bom, então eu quero as costelas.

— Ho! Isso é muito ruim, você corre o risco de receber uma flechada nas costelas.

Dessa forma, o tatu não podia receber nada, pois o jaguar lhe dizia que todas as partes da presa eram perigosas e que ele poderia levar flechadas em seu próprio corpo. Por fim, o tatu desistiu e acabou pedindo apenas as tripas. Mas o jaguar não queria lhe dar nem mesmo as tripas. Depois de algum tempo, o jaguar teve sede:

— Estou com sede — disse ele ao tatu.

— Mas a água fica longe daqui.

O tatu saiu então à procura de água; encontrou uma pequena poça e começou a pisotear a lama. Uma folha ficou colada em sua perna. Ele voltou para perto do jaguar, que viu suas pernas cobertas de lama, e também percebeu a folha.

— Onde está a água? — perguntou ele.

— A água está aqui perto, vá lá beber também.

— Traga-me água em meu cachimbo!

---

[116] Um caçador chulupi recebe o melhor pedaço da caça que matou, com exceção da parte atingida por sua flecha — se ele comesse essa parte, correria o risco de ser ferido no mesmo lugar. Assim, o jaguar está sendo completamente cínico ao propor ao tatu compartilhar uma caça sobre a qual ele mesmo não tem nenhum direito.

O tatu foi buscar água com o cachimbo do jaguar. Quando já estava um pouco distante, jogou o cachimbo fora e voltou para ter com o jaguar:

— Companheiro, o beija-flor roubou seu cachimbo de mim![117]

— Ah, com certeza foi ele, pois ele queria muito tomá-lo de mim. Então traga água para mim dentro do pilão.

O tatu partiu com o pilão. Quando se encontrava fora do alcance da visão do jaguar, jogou-o fora e voltou:

— Onde está a água, companheiro?

— A ema roubou seu pilão de mim.

— Com certeza, pois ela queria o pilão para fazer um pescoço para si.

Ele o enviou então com o almofariz. E, assim que se encontrou fora da vista do jaguar, o tatu jogou o almofariz fora.

— De novo a ema o roubou de mim! — disse ele ao jaguar.

— Com certeza, ela quer utilizá-lo como traseiro.

Assim, o tatu não levou água; e o jaguar tinha cada vez mais sede. "Em qual direção eu encontro água?", perguntou ao tatu. O tatu pegou um torrão de terra e o atirou. O jaguar escutava com atenção para saber onde ele iria cair: *Plouf!*, o torrão caiu na água:

— É ali que está a água, pertinho daqui.

— Caramba! O que eu vou fazer com a carne? Vou ter que deixá-la aqui, espero que os cachorros não a comam!

Os cachorros eram moscas. Enquanto o jaguar dizia isso, o tatu exclamava:

— E eu, então, para que sirvo? Eu não seria capaz de cuidar da carne?

— Bom, tome conta dela, e cuidado para que os cachorros não a comam!

O jaguar partiu e logo desapareceu da vista do tatu. Imediatamente, o tatu cavou um buraco na terra e começou a meter toda a carne ali. O jaguar continuava caminhando, mas nunca se aproximava da água, o que o fez ir muito longe. Enquanto isso, o tatu

---

[117] Os Chulupi consideram o beija-flor um grande fumante, e assim como nós dizemos "fumar como uma chaminé", eles dizem "fumar como um beija-flor".

escondeu toda a carne no buraco e ele mesmo se deitou dentro da toca. Foi somente nesse momento que o jaguar chegou ao lugar onde havia água; bebeu bastante, depois voltou e viu que não havia mais carne alguma.

— Onde está a nossa carne? — perguntou ao tatu.

— Companheiro, eu não sei quem a levou; talvez os cachorros!

O jaguar interpelou então os cachorros, que eram moscas: "Vomitem um pouco!". A mosca vomitou, mas só saiu água. O jaguar também mandou os mosquitos vomitarem, mas deles também só saiu água. Então o jaguar começou a ficar nervoso e olhou para seu companheiro:

— Me mostre onde está a carne! Diga-me quem levou a nossa carne, do contrário, eu o mato!

— Eu estava dormindo e não vi nada.

O jaguar estava muito irritado porque desconhecia o paradeiro da carne. Ele tentou matar o tatu a golpes de borduna, mas ele se refugiou dentro da toca. O jaguar começou então a cavar a terra. Cavou até certa profundidade; mas o tatu fez aparecer uma raiz, de modo que o jaguar não conseguia mais cavar. Então ele fez uma fogueira com muita madeira para que o tatu morresse sufocado com a fumaça. O jaguar ficou esperando, de orelha em pé. Ele ouviu uma explosão: "Ha! São os testículos do meu companheiro que estão explodindo!". Ouviu uma segunda explosão: "Ha! Esse é o outro testículo do meu companheiro que explodiu! Agora com certeza ele vai morrer".

Mas o tatu não morreu. Foi assim que ele ficou com toda a caça, e o jaguar sem nenhum pedaço, pois a caça lhe pertencia.

M42. A VINGANÇA DO TATU

Um dia, o jaguar estava caçando ratos. O tatu, que era um homem, morava ali perto. O jaguar, ao avistar um rato, quis atirar sua flecha, mas os filhos do tatu estavam brincando e fazendo muito barulho: assim, toda vez que o rato saía de sua toca e que o jaguar o mirava, o barulho fazia com que o rato recuasse. O jaguar, irritado, se virou na direção dos filhos do tatu e os matou. Quando o pai-tatu chegou em casa, não encontrou nenhum de seus filhos vivo. "O que aconteceu com os meus filhos? Estão todos mortos! Eles sempre faziam muito barulho, e agora está um profundo silêncio!" Começou então a pensar numa maneira de se vingar do jaguar.

Muito tempo depois, ele pensou num jeito.

Fingiu estar muito doente e mandou um de seus amigos, a lebre, chamar o jaguar, que era um xamã, para que viesse curá-lo, soprando fumaça sobre ele:

— Companheiro — disse ele —, vá chamar o jaguar, pois estou muito doente.

— Eu quero ir, mas tenho medo.

— Vá lá, mas fale com ele de longe. Ele deve estar capinando sua plantação de mandioca.

A lebre foi e chegou à casa do jaguar. Ela o viu capinando de longe e lhe disse:

— Companheiro! Vim buscar ajuda para um de nossos amigos que precisa ser curado.

— Aproxime-se um pouco mais, companheiro!

— Eu não quero me aproximar mais, pois o doente disse para eu conversar com você de longe.

— Eu já estou indo; antes, vou fumar um pouco.

O jaguar fumava suas próprias fezes no cachimbo: "Nós iremos assim que eu acabar de fumar".

Eles partiram juntos. O jaguar tinha vestido seu poncho à guisa de tanga. Eles conversavam enquanto caminhavam. O tatu tinha aconselhado a lebre a brincar de esconde-esconde com o jaguar no caminho de volta. A lebre se escondeu primeiro, dizendo: "Não olhe!". Ela ocultou-se atrás de um tufo de caraguatá que havia bem na beira do caminho, de modo que o jaguar passasse por ela sem perceber. A lebre assobiava devagar, mesmo assim o jaguar não conseguia encontrá-la. Ele ia e vinha e a lebre continuava assobiando devagar: "Vai ser difícil encontrar minha companheira", dizia o jaguar. "Companheira, onde está você? Assobie mais forte!". No final, a lebre apareceu atrás do jaguar: "Companheiro! Você não me viu!". O jaguar virou e quis apanhá-la; ele a tocou de leve com sua pata, arrancando um pouco de sua pele. Era agora a vez do jaguar se esconder: "Companheira! Não olhe, eu também vou me esconder". Ele foi se esconder, mas a lebre o encontrou rapidamente: "Companheiro! Não é nem um pouco difícil encontrá-lo!". O jaguar tinha se escondido em um quebracho-branco. Novamente a lebre foi se esconder. Enquanto isso, o doente gemia, gritava: não esquecia que queria se vingar do jaguar. A lebre se escondeu muito mal para que o jaguar a encontrasse facilmente, pois começava a ter medo dele. Então o jaguar a encontrou e eles foram diretamente para a casa do doente, que gritava: "Companheiro, me cure, estou doente".

O jaguar começou a se preparar para a cura e pediu ao tatu para esticar bem o seu corpo. O tatu tinha medo de se esticar muito, pois o jaguar poderia mordê-lo. Mas ele foi corajoso e se esticou. Naquela época, o jaguar tinha o focinho tão longo quanto o do tamanduá. O tatu esticou seu corpo e o jaguar se aproximou para soprar: então, imediatamente o tatu se fechou, prendendo o focinho do jaguar. Ele não queria mais soltar, e o jaguar ficou desesperado, pois não conseguia respirar. Ficou com seu nariz preso na carapaça do tatu, dia e noite. Tentou colocar o focinho no fogo para queimar o tatu, mas este o fechou com mais força ainda e o jaguar não suportou a dor. Nesse meio-tempo, chegou uma mulher: era o pássaro *ts'a-ts'i*.[118] Ela viu que o jaguar estava moribundo e começou a chorar: "Meu pobre irmão! Como eu gostava de cantar seguindo os passos dele, todo pintado que ele era! Eu não gosto de cantar atrás dos passos de outro animal, somente atrás do jaguar!". O jaguar morreu quando seu focinho foi cortado. Então, o tatu voltou a ser um homem. Ele estava muito con-

---

[118] *Ts'a-ts'i* (joão-de-barro): *Furnarius rufus paraguayae*. Esse pássaro constrói um ninho de barro muito sofisticado. Segundo os Chulupi, o pássaro *ts'a-ts'i* anuncia, com seu canto, a movimentação do jaguar.

[Claude Lévi-Strauss analisou a posição do joão-de-barro em *A oleira ciumenta*.]

[Edição brasileira: trad. Beatriz Perrone-Moisés, São Paulo, Brasiliense, 1986. (N. do T.)]

tente por ter matado o jaguar, pois nem mesmo os próprios jaguares conseguem realizar tal proeza.

M43. A VINGANÇA DO TATU (variante)

O jaguar estava caçando ratos. Queria atingi-los com suas flechas, mas os filhos do tatu faziam muito barulho e o atrapalhavam. Ele se irritou, foi até eles e os matou. Quando a mãe deles voltou, ela viu todos mortos e começou a chorar. Depois, perguntou-se como faria para matar o jaguar. Teve a ideia de fingir que estava doente; e então mandou o marido chamar o jaguar para que ele viesse curá-la. O jaguar acorreu, muito contente, pensando que também iria comer a mãe-tatu. Ele se sentou perto dela e pediu que ela ficasse bem esticada e aberta. Em seguida, começou a chupar seu ventre. Mas a mãe-tatu não parava de se enrolar, pois desconfiava do jaguar. Quando o jaguar se distraiu, ela fechou a carapaça no focinho dele.

Desde essa época o focinho do jaguar é achatado; antes ele era tão longo quanto o focinho do tamanduá.

M44. O JAGUAR E O CAMARÃO

Certo dia, o jaguar disse ao camarão:
— Ei, você! Camarão feio de boca grande!
— E você, jaguar feio de bunda vermelha e cheia de rugas! Onde você vai?
— Hi! Hi! Hi! Que indecente esse camarão! Ah, você gosta de zombar dos outros! Espere só! Você vai ver o que vai acontecer se eu pegar você.

O camarão correu para o seu buraco. O jaguar tentou cavar, mas não conseguia, pois o buraco era bem vertical. "A única solução", disse ele, "é defec... dentro." E se colocou na posição. O camarão então o pegou pelo ânus, até arrancar uma parte de suas tripas. "Ah! Como é bom quando temos diarreia!", exclamou o jaguar, e se foi. As tripas que ficaram penduradas cobriam sua pata. Ts'a-ts'i o ajudou a recolocá-las para dentro.

M45. O JAGUAR E O TAMANDUÁ

Um velho saiu para caçar e encontrou no caminho um tamanduá-bandeira que comia formigas. O tamanduá-bandeira viu o homem e foi se esconder atrás da densa ramagem. Mas o jaguar, que também estava escondido atrás da ramagem, atirou-se sobre o tamanduá. "Niauh!", gritou ele. O tamanduá, por sua vez, abraçou o jaguar, que o mordia. Ambos estavam de pé e o tamanduá tentava enfiar suas garras nas axilas do jaguar, enquanto o jaguar tentava quebrar o pescoço do tamanduá, mas sem êxito, devido à grossura do seu coro. Então, chegaram os outros caçadores, que ficaram observando o combate. O tamanduá conseguiu atingir o coração do jaguar. Quando viu que ele estava morrendo, soltou-o e o jaguar caiu. Quando o tamanduá mata um animal, ele se torna muito perigoso. Ele foi então na direção dos homens, que não se preocuparam, e os atacou, machucando dois deles na panturrilha. Os outros dois fugiram. As garras do tamanduá estraçalharam as pernas dos dois homens, mas eles também conseguiram fugir. O tamanduá os perseguiu, querendo matá-los, ainda que não comesse suas presas. Um tamanduá que não tem mais pelos nas costas é um tamanduá combatente. É assim que se pode reconhecê-lo.[119]

---

[119] [Essa narrativa se parece mais com uma observação da realidade do que com um mito. De fato, o tamanduá pode levar a melhor sobre o jaguar se eles se enfrentarem na floresta; já na savana, ocorre o contrário. Cf. Claude Lévi-Strauss (1964 e 1966).]

[As edições brasileiras são, respectivamente, *Mitológicas. O cru e o cozido*, trad. Beatriz Perrone-Moisés, Rio de Janeiro, Zahar, 2021, e *Mitológicas. Do mel às cinzas*, trad. Carlos Eugênio Marcondes de Moura, Rio de Janeiro, Zahar, 2022. (N. do T.)]

M46. As aventuras do jaguar

Certa manhã, o jaguar saiu para passear e encontrou o camaleão, que, como todos sabem, pode atravessar o fogo sem se queimar. O jaguar exclamou:

— Ah, como eu também gostaria de brincar com o fogo!

— Você pode brincar se quiser! Mas não vai suportar o calor e vai se queimar.

— Ei! Ei! Mas por que eu não suportaria? Eu também sou muito rápido!

— Está bem! Então vamos ali, onde as brasas estão menos escaldantes.

Eles foram, mas, na verdade, ali as brasas queimavam mais do que em outros lugares. O camaleão explicou ao jaguar como ele tinha que fazer e passou através do fogo para lhe mostrar: não aconteceu nada com ele. "Bom! Saia daí! Eu também vou passar. Se você consegue, eu também vou conseguir!" O jaguar se atirou no fogo e imediatamente se queimou: *fff*! Conseguiu atravessá-lo, mas se queimou pela metade e morreu, reduzindo-se a cinzas.

Logo chegou o pássaro Ts'a-ts'i, que começou a chorar: "Ah! Coitado do meu filho! Nunca vou me acostumar a cantar seguindo os passos de um veado".[120] Desceu da árvore em que estava e, com as suas asas, começou a juntar as cinzas do jaguar em uma pilha. Em seguida, derramou água sobre as cinzas e passou sobre a pilha: o jaguar se ergueu novamente. "Ai! Que calor!", exclamou ele. "Por que eu fui me deitar debaixo desse sol tão forte?" E retomou seu caminho.

Depois de um tempo, ouviu alguém cantar: era o veado, que estava em sua plantação de batatas. Na realidade, as batatas eram cactos. "*A'tona'i! A'tona'i!* Não sei por que estou com tanto sono!" E, sem parar de cantar, dançava sobre os cactos. Como o veado tem patas muito finas, podia facilmente evitar os espinhos. O jaguar observava sua manobra:

---

[120] O lamento de Ts'a-ts'i mostra bem a força da oposição jaguar/veado.

— Ah, como eu também gostaria de dançar em cima dos cactos!

— Acho que você não conseguirá andar sobre os cactos sem que os espinhos entrem nas suas patas.

— E por que não? Se você consegue, eu também consigo!

— Está bem! Neste caso, vamos ali, onde há menos espinhos.

Mas, na verdade, ali havia muito mais espinhos. O veado passou primeiro, para mostrar ao jaguar. Dançou sobre o cacto, depois voltou, sem nenhum espinho: "Hi! Hi! Hi!", exclamou o jaguar. "Como isso me agrada!" Agora era sua vez. Entrou nos cactos e imediatamente os espinhos cravaram-lhe as patas. Deu dois saltos e chegou no meio do campo de cactos. Sofria muito e não conseguia se manter de pé: estatelou-se no chão, com o corpo crivado pelos espinhos.

Novamente apareceu Ts'a-ts'i, que tirou o jaguar dali e removeu todos os espinhos de suas patas, um por um. Depois, com a asa, empurrou o jaguar para um pouco mais longe. "Que calor!", gritava o jaguar. "Por que diabo dormi debaixo desse sol tão forte?"

Ele retomou sua caminhada. Algum tempo depois, encontrou um lagarto, que consegue subir nas árvores até a ponta dos galhos e descer rapidamente, sem cair. O jaguar, ao vê-lo fazer isso, logo sentiu vontade de se divertir também. O lagarto o levou então a uma outra árvore e lhe mostrou como ele deveria fazer: subiu até o topo da árvore e voltou a descer, a toda a velocidade. Então o jaguar correu para a árvore. Mas, ao chegar ao seu topo, caiu e um galho se enfiou em seu ânus, saindo-lhe pela boca. "Oh!", gritou o jaguar. "Isso me faz lembrar de quando estou com diarreia!" Mais uma vez, Ts'a-ts'i veio ajudá-lo a sair daquela situação, cuidou do seu ânus e o jaguar pôde partir.

Ele encontrou então um pássaro brincando com dois galhos que se cruzavam por conta do vento: ele se divertia passando por eles bem rápido no momento em que se cruzavam, o que agradou muito ao jaguar.

— Também quero brincar!

— Mas você não vai conseguir! Você é muito grande e eu sou muito pequeno.

— E por que eu não conseguiria?

O pássaro levou então o jaguar até outra árvore e passou uma vez para lhe mostrar: os galhos quase tocaram na sua cauda quando se cruzaram. "Agora é a sua vez!" O jaguar saltou, mas os galhos o atingiram bem no meio do corpo, cortando-o em dois: "Ai!", gritou o jaguar. Os dois pedaços caíram e ele morreu.

Ts'a-ts'i reapareceu e viu seu neto morto. Começou a chorar: "Nunca conseguirei me habituar a cantar seguindo os passos de um veado!". Desceu e emendou os dois pedaços do jaguar. Com uma concha de caracol[121] poliu cuidadosamente a junção entre as duas partes; depois caminhou sobre o jaguar, que então se reergueu, vivo.

Ele retomou sua caminhada e avistou It'o, o urubu, que se divertia voando de cima pra baixo e de baixo pra cima. Aquilo também agradou muito ao jaguar, que disse a It'o que queria brincar como ele:

— Ah, meu amigo, como eu gostaria de brincar como você!
— Seria ótimo! Mas você não tem asas.
— De fato, não tenho, mas você poderia me emprestar.

It'o aceitou. Fabricou duas asas e as fixou no corpo do jaguar com cera. Em seguida, incentivou seu companheiro a voar. Juntos, eles subiram muito alto no céu e se divertiram a manhã inteira. Mas por volta do meio-dia o sol ficou muito quente, derreteu a cera e as duas asas se soltaram. O jaguar despencou com todo o seu peso e morreu, quase reduzido a migalhas. Ts'a-ts'i chegou, emendou os ossos do jaguar e o reergueu. O jaguar partiu novamente.

Não demorou muito até que encontrasse o cangambá, que se divertia com seu filho quebrando pedaços de madeira. O jaguar se aproximou para ver o que era: imediatamente saltou sobre o filho do cangambá e depois quis também atacar o pai. Mas este urinou em seus olhos e o jaguar ficou cego. Ele caminhava e não via mais nada. Então, Ts'a-ts'i surgiu mais uma vez e lavou bem seus olhos:

---

[121] Antes de assarem uma peça de cerâmica, as mulheres a alisam bem com uma concha de caracol.

é por isso que o jaguar tem uma vista tão boa. Sem o pássaro Ts'a--ts'i, o jaguar não existiria mais.[122]

M47. A mulher esposa do jaguar

Uma jovem estava cansada do seu irmão mais velho que sempre lhe batia. Estava tão triste que um dia decidiu ir para a floresta, levando uma corda. Ela subiu em um *tisu'uh* (um quebracho--vermelho), amarrou sua corda no topo da árvore, como se fosse uma rede,[123] e passou a noite toda lá em cima. O jaguar andava por ali quando viu uma sombra que se movia no chão: era a sombra da rede se balançando. O jaguar saltou sobre a sombra para pegá-la. Ele ficou tentando fazer isso a noite toda, mas em vão. No dia seguinte, ele aguardou, achando que a jovem iria descer. Novamente anoiteceu, e o jaguar reapareceu, mas dessa vez em forma humana, com a cabeça coberta por um pano e usando um cinto todo malhado. Ele parou debaixo da árvore, a jovem o viu e começou a rir.

— Desça! — gritou o jaguar.

— Não! Não vou descer, porque na noite passada você quis me matar.

— Mas eu não sou o jaguar! Devia ser outro. Vamos, desça! Não tenha medo, não sou aquele que você viu ontem.

A rede descia, mas logo subia novamente.

— Desça, e vamos para a minha casa! Lá você poderá comer.

— Bom, que me importa? Vou descer mesmo que você me devore.

---

[122] [Pierre Clastres (1974) propôs uma análise desse mito, que relata com precisão todas as etapas da viagem dos xamãs ao sol.]
[Edição brasileira: *A sociedade contra o Estado*, trad. Theo Santiago, São Paulo, Ubu, 2017. (N. do T.)]

[123] Entre os Chulupi, a rede é utilizada somente pelas crianças pequenas.

— Não pense nisso! Garanto-lhe que foi outra pessoa que você viu.

Ela desceu e ambos foram para a casa do jaguar. Lá, ele lhe ofereceu carne de vários animais da floresta, que ele cozia numa panela de barro.

A jovem já estava vivendo há muito tempo com o jaguar quando, um dia, ele lhe perguntou:

— Por que você estava sozinha na floresta? Você tinha problemas com sua família? Ou alguém não gostava de você? Seus irmãos lhe batiam?

— Meu irmão mais velho era o único que me maltratava.

— Ah, sim? E seu irmão é um homem de que tipo?

— Ele sempre usa um colar de contas de conchas no pescoço, e é jovem.

— Amanhã vou aguardá-lo no meio do caminho e pedir explicações sobre a maneira como ele te tratava.

No dia seguinte, o jaguar ficou esperando no meio do caminho. Viu passar muitas pessoas, que iam fazer a colheita do milho. Entre eles, estava o irmão mais velho da jovem, que o jaguar já tinha reconhecido. Mais tarde, as pessoas retornaram, carregadas com a colheita. O irmão mais velho caminhava atrás, distante delas; o jaguar o viu passar sozinho e o identificou por seus colares. Preparou-se então para atacá-lo e, quando estava passando na frente dele, avançou. O jovem deu um grito, mas o jaguar o matou e o levou, colocando-o sobre as costas. Quando chegou em casa, atirou-o aos pés da mulher: "Não é esse o seu irmão?". A jovem estava prestes a gritar e a chorar.

— O que está acontecendo com você? Você vai chorar?

— Não, não! Estava apenas depilando as minhas sobrancelhas.

— Eu também gostaria que você me depilasse.

— Espere um pouco! Antes eu preciso ir defecar.

Na verdade, ela saiu para buscar os espinhos finos do fruto do cacto. Enquanto isso, o jaguar esquartejou o irmão e o colocou dentro da panela para cozinhar. A mulher voltou com os espinhos. "Apresse-se", disse ele, "eu também quero ser depilado." Ele se deitou com a cabeça apoiada nas pernas da mulher, que estava sentada. Ela depilou um pouco suas sobrancelhas e, depois, abrindo suas pálpebras, jogou os espinhos do fruto do cacto em seu olho: "Não toque! Dói apenas um pouco". Ela fez o mesmo no outro olho. Quando terminou, levantou-se e o jaguar lhe disse:

— Vá depressa cozinhar a carne! Onde você está?
— Aqui.
— Esses espinhos me fazem muito mal.
— Já vai passar, aguente um pouco.

O jaguar sentia tanta dor que coçava os olhos, e deles escorriam muitas lágrimas.

— Onde você está?
— Estou aqui, e não vou sair.
— Ai! Ai!

O jaguar soltou então um rugido: "Wow! Wow! Wow!". Mais uma vez ele chamou a mulher:

— Onde você está?
— Aqui!
— Chegue mais perto de mim.

Mas ela se aproximou do fogo. O homem se curvou, arranhou o chão, já transformado em jaguar. Ele saltou sobre a mulher, mas caiu na panela cheia de água fervendo, onde o irmão estava sendo cozido, e soltou um rugido. O jaguar morreu ali, fervido na mesma panela que o irmão mais velho da jovem.

Quando ela viu que ele também estava morto e cozido, voltou para a aldeia e, pouco antes de chegar, começou a se lamentar: "Ai! Meu irmão!". Um homem a escutou: "Vamos ver o que está acontecendo. Talvez seja a jovem que foi embora há algum tempo". E foi ao seu encontro:

— Por que você está chorando?
— Estou chorando porque o jaguar matou meu irmão. Mas o jaguar também está morto!

Ela então convidou as pessoas a irem buscar toda a carne assada e cozida que o jaguar possuía, e que era muita. Todo mundo foi: ela mostrou a eles onde estava a carne de cachorro e de todos os outros tipos de animais. O jaguar estava completamente morto e bem cozido. As pessoas também levaram os restos do irmão, a carne e os ossos, para enterrar. Quanto ao jaguar, terminaram de queimá-lo. Em seguida, perguntaram à jovem por que ela tinha revelado ao jaguar que seu irmão mais velho a maltratava. Pensaram em fazer algo com ela, mas ela estava grávida do jaguar.

Algum tempo depois, ela deu à luz um pequeno jaguar, que não tinha nada de humano: um verdadeiro jaguar. Os parentes da mulher queriam matá-lo. Mas o mais velho dos seus irmãos disse: "Não vamos matá-lo! Vamos criá-lo. Ele vai nos servir para algo!". Então, eles o criaram.[124] Quando o jaguar estava com seis meses de idade o irmão mais velho o levou para caçar. Eles entraram na floresta e encontraram rastros de porcos-do-mato. Ele mostrou ao seu sobrinho, que imediatamente começou a segui-los. Depois de algum tempo, o jaguar encontrou os porcos e já tinha matado um quando seu tio chegou. O pai do jovem tinha aconselhado: "Assim que ele matar um porco, corte-o e lhe dê o peito, uma pata traseira e o fígado. Se não for o bastante, dê-lhe as costelas. E, se o jaguar estiver satisfeito, pendure o restante e continue a caçar. O segundo porco você pode trazer inteiro". O filho fez exatamente isso; o jaguar logo matou outro porco e seu tio o levou inteiro para a aldeia. Ele caçou durante muito tempo com seu sobrinho jaguar, que já tinha o tamanho de um adulto.

Um dia, o irmão mais novo pediu ao irmão mais velho permissão para ir caçar com o sobrinho. O mais velho respondeu: "Não tem problema, pode ir caçar com nosso sobrinho!". No entanto, explicou-lhe o que ele tinha que fazer, repetindo exatamente as instruções do seu pai. O caçula saiu então para caçar com o jaguar, que logo matou um porco. O homem começou a preparar o porco para levá-lo, sem dar nada ao sobrinho. O jaguar começou a olhar seu tio, a olhá-lo com insistência, movimentando suas garras, pra dentro e pra fora. Quando o homem ergueu o porco para levá-lo embora, o jaguar saltou em cima dele, matou-o e o comeu. Em seguida, voltou para a aldeia, de barriga cheia, e se deitou perto do seu outro tio, que se perguntava sobre o que po-

---

[124] Os Chulupi têm a convicção de que seus ancestrais domavam e criavam jaguares, os quais utilizavam como cães de caça, tomando o cuidado de deixar para eles a primeira presa, exatamente como recomenda o mito.

deria ter acontecido: "Meu irmão não volta! Mas eu lhe expliquei como ele tinha que se comportar com nosso sobrinho. Com certeza ele não fez o que eu lhe disse". Levantou-se e convidou seu sobrinho a ir com ele ver onde estava a caça. O jaguar saiu na frente e eles chegaram ao local; o homem viu seu irmão morto. O jaguar tinha comido toda a parte anterior do corpo, até as pernas. O homem começou a chorar: "Coitado do meu irmão! Eu lhe expliquei tudo, mas ele não me ouviu". Ele se afastou para enterrar o que tinha sobrado do irmão. Quanto ao porco, deixou-o ali.

De volta à aldeia, contou ao pai sobre o que tinha acontecido. O jaguar estava deitado aos seus pés. Eles não tinham vontade de matá-lo, pois graças a ele nunca faltava carne. No entanto, era preciso matá-lo e o pai disse: "Meu filho, vou matar o jaguar. Vamos sofrer e vamos passar fome!". Ele o matou com um golpe de borduna, fechando os olhos de tristeza, pois o jaguar era seu neto. A partir daquele dia, eles conheceram o que era a fome. O pai e o filho quase brigaram, e o filho acabou indo embora, deixando seu pai sozinho.

M48. Os jaguares caçadores

Um bando de jaguares foi caçar. Quando chegaram a uma campina, viram homens que também estavam caçando. Os jaguares ficaram vigiando os caçadores para matá-los. Nesse momento, os homens decidiram queimar a relva, e incendiaram todo o entorno. As duas línguas de fogo se juntaram e os homens ficaram observando atentamente, para que nenhum animal escapasse.[125] No meio do campo havia uma fonte de água, mas estava seca: era pura lama. Um jaguar saltou nela e rolou na lama para se proteger do fogo. Era um enorme braseiro, e as chamas se juntavam no al-

---

[125] Técnica de caça comum entre os índios do Chaco: coloca-se fogo no capim, os animais fogem e os caçadores os matam a golpes de borduna ou com flechadas.

to. O jaguar se aproximou do fogo para atravessar o cerco. Mas, bem no momento em que estava saltando, o vento soprou levantando chamas gigantescas, que subiam e desciam: elas o envolveram e queimaram, *tskuuh*! "Wooo!", fez o jaguar. Ele caiu no chão quase todo queimado. "Cuidado! Cuidado! Não o deixem fugir!", gritavam os caçadores. Mas ele conseguiu escapar. Os outros jaguares estavam cercados pelo fogo e começaram a cavar buracos na lama. Apenas dois jaguares morreram queimados. Pouco a pouco, as duas linhas de chamas se encontraram, e o fogo se apagou. Os homens só toparam com dois jaguares: "Para onde será que foram os outros?", perguntavam-se eles. Começaram a procurar no espaço queimado, e viram então os outros jaguares, escondidos na lama. Tatearam devagar com a ponta de suas flechas. Um dos jaguares quis pegar um homem, mas, quando ele pulou, os outros atiraram suas flechas e o mataram. Em seguida, mataram todos os outros jaguares.

Assim, somente um jaguar conseguiu escapar. Os homens começaram então a limpar suas presas.

— Temos que ficar atentos, observar bem em volta, de cabeça erguida — falou um deles.

— Mas o que poderia acontecer? — respondeu um outro. — Esse homem estava anunciando sua própria morte!

Eles se deitaram para descansar. Mas o homem, preocupado, não conseguia dormir, enquanto seus companheiros estavam deitados, com o braço atrás da cabeça, adormecidos, despreocupados. Nesse meio-tempo, o jaguar que havia sobrevivido se aproximou rastejando. E quando o homem preocupado o viu, ele já estava saltando sobre os outros, atacando dois homens ao mesmo tempo. Os caçadores que sofreram o ataque se levantaram, mas o jaguar também estava de pé, e começou a mordê-los. Os outros correram para ajudá-lo: um segurou o jaguar por trás, e os outros seguraram cada uma das suas patas. O que estava por trás o agarrou pela garganta e lhe enfiou uma flecha de guerra na barriga. As tripas saíram para fora: "Wooo!", gritou o jaguar. Os dois homens que tinham sido atacados já estavam mortos. O jaguar também morreu, com o pescoço atravessado por uma flecha.

M49. A raposa e o beija-flor

Antigamente, havia um homem muito bonito, que se chamava Kain'o, o beija-flor. Ele procurou uma campina e ali fez um plantio: eram muito bonitas as plantações do beija-flor. Naquela época, havia também Ionis, a raposa, que tinha muita inveja do beija-flor, tanta inveja que havia jurado matá-lo um dia. O beija-flor ia todos os dias trabalhar, ia e vinha entre sua casa e a plantação, e a raposa o vigiava. Um dia, o beija-flor se deitou para descansar, depois de trabalhar. Então, a raposa se aproximou traiçoeiramente e o matou. Ela roubou todos os seus ornamentos, os vestiu e deixou o beija-flor ali mesmo.[126]

Em seguida, a raposa foi à casa do beija-flor, onde estava sua belíssima esposa, com a qual ele tinha acabado de se casar. Como de costume, ela tinha preparado comida para seu marido. Ela o serviu. Mas a raposa comeu tudo, coisa que o beija-flor nunca fazia, ele sempre deixava um pouco de comida. Então, ela se deu conta de que talvez não fosse o seu marido: "Mas vamos esperar até essa noite", pensou ela, "terei certeza quando formos nos deitar". À noite, eles se deitaram; ela sentiu então o fedor que a raposa exalava e entendeu que aquele homem não era seu marido. No dia seguinte, foi encontrar seu pai e lhe disse: "Pai! Esse homem que está comigo não é meu marido: ele tem hálito de raposa". Em seguida, disse à raposa:

— Diga-me! Por que você está comendo tudo? Geralmente você come menos.

---

[126] O mesmo tema, da raposa ladra de ornamentos, aparece em M2.
[Viajantes e naturalistas ficaram impressionados com a beleza do beija-flor; veja-se, por exemplo, o que escreve Von Ihering (entrada "Beija-flor"): "Não nos auxiliaria a pena, se quiséssemos descrever a beleza do colorido destas criaturas, que parecem antes joias vivas, nem bastariam os nomes de todas as pedras preciosas e dos metais brilhantes, para dar uma ideia da variedade dos matizes, sempre cintilantes" (*Dicionário dos animais do Brasil*, São Paulo, Directoria de Publicidade Agrícola, 1940, p. 136).]

— É porque eu estou com muita fome.
— Sim, mas antes você não ficava tão faminto.

Enquanto isso, o seu verdadeiro marido já estava inchando de tão podre. Então, o pai aconselhou a filha: "Hoje à noite, quando ele voltar, sirva-lhe uma boa porção de comida. E verifique se ele come tudo. Preste muita atenção, pois talvez a raposa tenha matado seu marido". De fato, todos sabiam que há muito tempo a raposa queria matar o beija-flor. De noite, a raposa voltou. E, de novo, devorou absolutamente tudo. A mulher agora tinha certeza de que não era o seu marido. Deitou-se, contudo, ao seu lado, sem dormir. Ela sentia o cheiro ruim da boca da raposa que, além disso, soltava peidos muito fedidos, exatamente como fazem as raposas.

No dia seguinte, a mulher foi encontrar seu pai:
— Pai! É a raposa, não é meu marido: essa noite eu vi bem.
— Então hoje mesmo eu vou lá na plantação para ver se consigo ao menos encontrar o corpo do seu marido.

Ele foi, e descobriu o beija-flor morto debaixo do mato que ele tinha cortado: "Então é verdade o que me dizia minha filha! Mataram meu genro!". Ele voltou para sua casa. Quando a raposa retornou, o pai estava muito irritado. Ele se levantou e matou a raposa, gritando: "Por que você matou meu genro?".

M50. IONIS, A RAPOSA

Uma vez uma mulher estava cozinhando suco de *novok*, a mandioca venenosa. Para fazer tranquilamente seu trabalho, ela decidiu deixar o filho com a avó. Foi até ela e lhe entregou o bebê: "Tome". Naquele instante, a raposa passou, transformada em mulher, pegou o bebê e o levou embora. Quando a mulher terminou de cozinhar o suco de mandioca, disse à sua mãe:
— Devolva-me a criança!
— Mas você não me deu a criança!
— Claro que lhe dei. Eu a deixei nos seus braços!

— Ah! Cuidado com o meu neto! O que você fez com ele?
— Mas eu o deixei com você!
— Oh! É bem provável que a raposa o tenha raptado!

Elas procuraram por toda parte, mas em vão. A raposa tinha levado a criança para a toca dela. Lá, ela cobriu seu corpo com urina, para que ela também exalasse cheiro de raposa. Para alimentá-la, Ionis esmagava frutos de *tusca* e lhe dava o suco. A criança aprendeu a andar e sempre ia brincar do lado de fora.

— Meu neto! — chamava a avó.
— Hii!
— Não vá muito longe! A raposa pode raptá-lo — dizia a velha Ionis.

Então ele voltava. Quando ele pedia algo para comer, ela lhe dava o suco dos frutos de *tusca*. Ele cresceu, aprendeu a falar e, pouco a pouco, começou a ter consciência do cheiro da raposa, que era muito forte dentro da toca.

Uma noite, ele teve vontade de fugir, pois pensava em sua mãe. No dia seguinte, de manhã cedo, falou:

— Avó, vou caçar pássaros.
— Não vá, não! A raposa vai raptá-lo!

Mas ele foi. Depois de um bom tempo, a velha Ionis saiu para chamar o menino: "Meu neto!", mas ele não respondeu. Ia rumo à aldeia de sua mãe, que não ficava muito longe dali. No caminho, teve vontade de defecar. Quando terminou, disse a seus excrementos: "Se a velha raposa me chamar, vocês lhe respondem". A raposa se aproximava e continuava chamando por ele: "Meu neto!". Então os excrementos responderam com um assobio: *fuut*! Ela chegou no lugar onde eles estavam e exclamou: "Coitado do meu neto! Vejo apenas seus excrementos". Mais adiante, ele defecou novamente e fez a mesma recomendação a seus excrementos. A raposa continuava procurando-o. Ela gritou novamente: "Meu neto!". *Fuut!*, responderam os excrementos. "Venha! Venha! Estou começando a ficar com sede. Quero voltar pra casa. Não vá muito longe, do contrário, a raposa vai raptá-lo!"

Nesse meio-tempo, o jovem chegou à aldeia, na casa de sua mãe. Ele exalava um terrível cheiro de raposa e estava amarelado, de tanto que a velha Ionis havia urinado sobre ele. As pessoas lhe deram um banho. A raposa rondou a aldeia a noite toda, pois queria raptá-lo novamente. Mas ela acabou sendo morta.

É por isso que, desde então, assustamos as crianças chatas dizendo-lhes: "Cuidado com Ionis".[127]

---

[127] O tema da raposa que rouba crianças também se encontra na mitologia toba, mas nesta ele está associado ao tema da origem da cor dos pássaros.

VII.
PRIMEIROS TRUQUES, PRIMEIROS APRENDIZADOS

M51. WOT'AAI E AS EMAS

Wot'aai[128] vivia sozinho em sua casa. Ele queria se transformar em ema e se perguntava como fazê-lo. Pensava todas as noites nisso, pois tinha fome: uma vontade terrível de comer carne. Wot'aai pensava consigo mesmo: "Tenho que encontrar meu nome de ema". Wot'aai era um homem que não desprezava os alimentos mais simples, como as raízes de caraguatá.

Na primavera, ele conseguiu se transformar. Aprendeu a caminhar e a viver como as emas, e gritava como elas. Era a época em que as emas botavam ovos e gritavam sem parar. Wot'aai saiu pela campina, gritando por todos os lugares por onde passava. Então uma verdadeira ema lhe respondeu e, em seguida, todas as outras vieram encontrá-lo. Ele as viu chegar e se juntou a elas. Suas plumas eram mais bonitas que as delas e ele se parecia perfeitamente com uma ema. Elas lhe disseram: "Nós vamos correr até o lugar onde costumamos fazer nossas necessidades". Wot'aai era uma enorme ema. Eles correram juntos até o *cagadero*.[129] Wot'aai

---

[128] [Wot'aai e Kufahl-Wot'aai são, como mostram os próximos mitos, o mesmo personagem. Pierre Clastres não deixou nenhuma anotação sobre esses nomes, o que permite supor que não correspondam a nomes de animais. Espírito astuto, farsesco, hábil para se metamorfosear, é uma espécie de enganador que, diferentemente de outros, tem sucesso em todas as suas investidas. Vale notar, no mito seguinte, a analogia com Lua, que encontra eco na mitologia dos Mataco, como indica a nota 130.]

[129] O significado desse termo em espanhol, tradução literal da palavra

deixou as emas menores irem na frente, correndo e fazendo zigue-zagues, e ele ficou atrás, junto às emas maiores, pois pretendia matá-las. Mas elas estavam desconfiadas dele, em razão da maneira como ele tinha organizado a corrida. Eles chegaram ao lugar desejado e todas as emas começaram a defecar: suas fezes eram inteiramente brancas. Wot'aai defecou por último, mas ele só expeliu raízes de caraguatá: ele ainda não sabia como fazer para defecar branco.[130] E as emas começaram a gritar: "Aí está! É ele, Wot'aai!". Elas saíram correndo.

Wot'aai ficou sozinho, chorando ao ver todas as emas fugirem: "É a primeira vez", pensou ele, "que os animais têm medo de Wot'aai! O que eu vou fazer?". Então ele queimou um *ahaoiuk*, árvore cujas cinzas são muito brancas. Misturou-as à água e bebeu até não aguentar mais. Quando ficou cheio, começou a correr. Depois de percorrer certa distância, começou a defecar: suas fezes estavam brancas. "Agora", disse ele, "eu sei que vou comer as emas e que não terei mais fome." De manhã bem cedo, saiu de sua casa para a campina; ali, transformou-se numa verdadeira ema e começou a gritar, até que uma ema respondeu. Wot'aai estava muito satisfeito: "Elas não escaparão mais de mim e eu vou comer muita carne". As emas se reuniram. Wot'aai era mais belo do que as outras, suas plumas eram mais bonitas: "Agora", disseram as emas, "vamos correr até o nosso *cagadero*. Os pequenos podem ir na frente! Nós, os velhos, ficaremos para trás". Assim fizeram. Wot'aai saiu por último. Ele corria como um gordo, chacoalhando-se. Quando chegaram ao lugar certo, começaram a defecar e as fezes de todos eram brancas, inclusive as de Wot'aai. Eles foram embora juntos e correram novamente para ir buscar frutos de cacto. Wot'aai também comeu os frutos. As emas não desconfiavam de nada. Ele voltou para casa e lá se transformou novamente em homem. Estava muito contente: "Amanhã, vou realizar meu dese-

---

indígena, é evidente. As emas, explicam os índios, fazem suas necessidades em grupo e no mesmo lugar.

[130] Motivo comparável em um mito mataco: Lua se transforma em pato na esperança de matar esses animais. Os patos, desconfiados, o obrigam a defecar, e o cheiro de seus excrementos o denuncia.

jo". Preparou então armadilhas e, no dia seguinte, foi ao encontro das emas.

Eles partiram juntos, e Wot'aai sugeriu: "E se fôssemos ver as armadilhas de Wot'aai?". Eles foram, Wot'aai à frente. As emas estavam um pouco desconfiadas, porque ele tinha pedido que ficassem em fila. Wot'aai entrou sucessivamente em todas as armadilhas, mas nenhuma delas funcionou, pois eram as suas próprias armadilhas. Em seguida, pediu às emas menores que passassem pelas armadilhas, e novamente elas não funcionaram. Então as grandes disseram: "Nós também vamos entrar nas armadilhas de Wot'aai". Havia cinco armadilhas, e as grandes emas também eram cinco. Todas elas entraram nas armadilhas e ficaram presas. Então se deram conta de que seu companheiro era Wot'aai. As menores fugiram, gritando: "É Wot'aai, é Wot'aai!". "Sim, sou eu, Wot'aai, o famoso preparador de armadilhas." Ele matou as cinco emas e as levou para sua casa: "Agora sim poderei comer!". Ele tinha carne suficiente para muitos dias. As emas fugitivas contaram às outras o que tinha acontecido: "Wot'aai matou as mais velhas! A partir de agora, precisamos prestar atenção". Mas Wot'aai conhecia muitas maneiras de matar emas e continuou capturando muitas delas com suas armadilhas, sem nunca ser descoberto. Ele sempre tinha uma provisão de carne garantida e estava muito satisfeito com isso.[131]

---

[131] A ema (*Rhea americana*) é uma caça muito apreciada pelos Chulupi, pela quantidade e qualidade da carne que ela fornece, por suas plumas (utilizadas para confeccionar ornamentos) e sua pele (usada para confeccionar bolsas e odres para guardar mel). No entanto, esse animal é muito difícil de ser caçado, não apenas por correr rápido, mas por ser extremamente desconfiado: para conseguir se aproximar dele o bastante para flechá-lo, o caçador avança lentamente, sem fazer nenhum barulho, inteiramente camuflado nas folhagens. Matar uma ema é considerado uma proeza difícil de realizar, e confere muito prestígio ao caçador. Um jovem que deseja se casar se esforça para caçar uma ema e oferecê-la aos pais da pretendente, demonstrando-lhes assim seu talento de caçador.

M52. Kufahl

Certa vez, um homem estava pensando em suas irmãs que tinham partido: "Penso em minhas irmãs", murmurou ele. Nesse momento, Kufahl se aproximou dele: "O que você está dizendo?". "Disse que estou pensando em meus irmãos." "Não! Você disse que estava pensando em suas irmãs." Kufahl disse ao caminho: "Encurte-se!". O caminho se encurtou e ali estavam as jovens. Kufahl pegou a menor, que começou a chorar:

— Minha irmã! Venha me defender!
— Enfie uma vara nos olhos dele!
— Assim você vai aumentar minha visão! — disse Kufahl.
— Então enfie na orelha!
— Assim você vai me fazer ouvir melhor!
— Acerte-o então na cintura!
— Assim você vai me dar mais força para caminhar!
— Então enfie um bastão no ânus dele!
— Aí eu vou defecar sem dificuldade!

Depois disso, Kufahl foi encontrar jovens que estavam tomando banho: ele tinha se transformado em cabrito. "Que lindo cabrito! Ele será nosso!", exclamaram as meninas. Elas o pegaram e o ornaram com seus colares de contas. Ele tentava fugir, mas as jovens o apanhavam de novo. Elas continuaram tomando banho e logo se esqueceram dele. Então ele voltou para a floresta e, ao cair da noite, transformou-se em uma jovem e se deitou entre elas. Quando se levantaram para ir urinar, de pé, perceberam que uma delas lançava seu jato de urina muito longe: "Nosso *ish'aa*, nossa amiga, é habilidosa para urinar!", disseram. As jovens se deitaram novamente e, durante a noite, Kufahl fez amor com cada uma delas. Elas eram todas virgens e sangraram. No dia seguinte, viram que a saia de Kufahl estava manchada de sangue. Ele disse que também tinha perdido sangue durante a noite.

Pouco depois, Kufahl encontrou a morcega,[132] que lhe disse: "Me disseram que Kufahl tem um pênis muito grande. Venha! Va-

---
[132] Considerando-se que se trata de um morcego fêmea, optamos pela grafia feminina da palavra. (N. do T.)

mos nos provar!". Kufahl a penetrou, mas ela lhe disse: "Espere! Eu tenho uma outra vagina, maior: vou buscá-la". Ela trouxe a vagina e eles continuaram fazendo amor. Kufahl mandou então seu pênis se inchar, até atingir um tamanho bem grande. A morcego começou a gemer: "Por que você está gemendo? É apenas o bico de um passarinho".

M53. Kufahl-Wot'aai vai à caça

Depois de ter feito amor com a morcega, Kufahl saiu para caçar e encontrou um grupo de índios Toba. Eles o apanharam e ele começou a choramingar: "Iéééé!". Escalpelaram-no e levaram sua cabeleira, abandonando-o com seu cavalo. Mas seu escalpo crescia cada vez mais, a tal ponto que o cavalo dos Toba não conseguia mais carregá-lo. Então os guerreiros jogaram a cabeleira na beira do caminho. Kufahl voltou para pegá-la, recolocou-a no lugar e saiu à procura dos Toba, para se vingar. Ele estava com seu arco, mas tinha apenas uma flecha de caçar pássaros. Ele viu os Toba de longe e atirou: a flecha acertou todos, um depois do outro, com exceção de um, que Kufahl deixou escapar. Ele encarregou então o caraguatá de enfiar um espinho no joelho do Toba, para deixá-lo manco. O Toba sobrevivente chegou em sua aldeia e advertiu as pessoas, mas seu joelho já não o deixava andar: "Um homem sozinho matou todos nós! Só eu consegui me salvar". Kufahl ria e zombava deles: "Eles não são capazes de me matar!".

Ele continuou sua viagem e encontrou um jaguar. Arrancou raízes de caraguatá e as assou para comer. Nesse instante, ouviu um galho se quebrar: "Oh! oh!", pensou ele, "venha me caçar se quiser, mas antes me deixe encher a barriga! Estou com fome!". Quando ele recuperou as forças, incentivou o jaguar a atacá-lo: ele o obedeceu e Kufahl gritou: "Aiéé! Aiéé!". O jaguar o arrastou para ir devorá-lo. "Adoraria se ele me deixasse um pouco aqui", pensou Kufahl. O jaguar o deixou atrás de um arbusto e partiu. Imediatamente Kufahl se levantou, armou-se com um bastão e voltou a se deitar atrás do arbusto. "Como eu gostaria que o jaguar chegasse pela direita!" O jaguar voltou e avançou pela direita de Kufahl para comê-lo. Mas Kufahl bateu com o bastão em seu nariz e o animal caiu morto. "Tsu! tsu!", disse Kufahl. "Agora eu tenho o que comer junto com as raízes de caraguatá. E vou tirar muita gordura boa desse jaguar."[133] Ele o arrastou para perto das raízes e pensou: "Talvez sua mulher fique sabendo e também venha!". Esperou um pouco, mas ninguém veio. Então ele voltou para a aldeia, e as pessoas ficaram sabendo que ele tinha matado o jaguar: "Oh! Com certeza ele o matou! Pois Kufahl não morre!".

No dia seguinte, Kufahl partiu novamente. Seus netos perguntaram: "Kufahl já foi embora?". "Sim, foi." Eles deliberaram e decidiram ir procurar mel *kavichu'i*. Kufahl voltou pouco depois:

— Onde estão meus netos?

— Não sabemos para onde foram.

— Está bem! Vou tentar segui-los.

E partiu, seguindo seus rastros. Ele os encontrou, mas ficou escondido. Deu a volta, passou pela frente deles e subiu em uma árvore: ali, ele se transformou numa grande colmeia de *kavichu'i*. "Com certeza eles virão aqui agora mesmo." Eles não demoraram para aparecer e um deles viu a colmeia: "Venham ver! Encontrei uma colmeia grande! Vamos preparar algumas varas para derrubá-la". E começaram a atirar pedaços de pau na colmeia. Mas Kufahl se desviava e eles erraram três vezes. Por fim, jogaram um grande pedaço de pau e Kufahl ficou imóvel. O pau acertou o galho e Kufahl caiu, mas em forma humana, de pé. Ele ria e zombava de seus netos, que avançaram sobre ele para matá-lo a pauladas: eles o acertaram e quebraram todos os seus ossos. Em seguida, abandonaram-no e se afastaram: "Agora nosso avô está morto!". Mas, na verdade, Kufahl já os perseguia novamente. Como na primeira vez, ele passou na frente deles, subiu num *palo-santo* e se enfiou num buraco que tinha duas entradas. Ali, ele se transformou numa colmeia de *shimbo'o*. Um de seus netos a viu: "Vejam essa colmeia negra com duas entradas!". Eles tentaram abrir

---

[133] O jaguar morto pode ser comido, mas somente pelos homens mais velhos.

o tronco. "Adoraria que eles não tivessem pressa para provar o mel!", pensava Kufahl. Primeiro, os netos encheram suas bolsas de couro com o mel, depois tiveram vontade de prová-lo e começaram a comê-lo. Mas todo aquele mel era apenas os excrementos de Kufahl: "Waaaah!", gritaram eles.[134] O mel tinha um gosto muito ruim! Kufahl saiu de quatro do buraco, morrendo de rir. Seus netos avançaram sobre ele e o cortaram em pedaços a golpes de machado. Abandonaram ali suas bolsas, repletas de fezes de Kufahl, e retomaram o caminho da aldeia.

Kufahl se levantou e seguiu seus rastros. À frente deles, começou a arrastar sua bolsa no caminho, imitando os rastros da iguana. Depois se escondeu em um buraco, debaixo da terra. Os netos encontraram os rastros: "Uma iguana acabou de passar por aqui! Vamos cavar. A toca dela é aqui". Um deles tateou com uma vara: "Ela está aí! Não está longe!". Mas era apenas a bolsa de Kufahl. Eles cavaram um pouco mais e novamente tatearam com a vara. Kufahl a segurou. "Ela está mordendo!" Então Kufahl a soltou. Os netos enfiaram novamente a vara no buraco e, dessa vez, Kufahl a agarrou com força e esperou que todos os seus netos a segurassem. O que estava puxando o fazia com todas as suas forças, sem conseguir arrancá-lo dali. "Me ajudem!", implorou aos outros. Todos eles se agarraram na vara e, quando estavam fazendo o máximo de força, Kufahl a soltou: caíram todos para trás, com as pernas pra cima. Kufahl saiu da toca, morrendo de rir. "Viram o que ele fez com a gente de novo? E a gente pensando que ele estava morto!" Mais uma vez eles o cortaram em pedacinhos com o machado: "Vamos voltar pra casa agora", disse o mais velho.

Eles retomaram o caminho de casa, mas logo Kufahl já estava atrás deles novamente. Um dos netos exclamou: "Vejam, nosso avô está vindo novamente! Definitivamente, ele não quer morrer!".

---

[134] Um mito toba apresenta uma transformação semelhante de excrementos em mel.

M54. Wot'aai vai à caça

Wot'aai preparou uma armadilha para a anta. No meio do caminho, ele cavou um buraco do tamanho da anta e o cobriu com galhos, capim e terra. Depois, começou a ir e vir pelo caminho, grunhindo como uma anta: "Tshii! Tshii!". Depois de algum tempo, a anta respondeu: "Tshii! Tshii!". Wot'aai a chamou novamente. Depois, ele fez com cera um sexo de anta fêmea e o colocou sobre seu ânus. Quando a anta chegou, ele lhe ofereceu seu traseiro. A anta, excitada, queria montar em Wot'aai. Mas ele esquivou-se de seus avanços. Fizeram a mesma coisa três vezes, até chegarem perto da armadilha, onde Wot'aai parou. A anta queria montar nele novamente, mas ele se esquivou e ela caiu no buraco. Wot'aai a matou: "Não há ninguém na terra como Wot'aai! Ninguém é mais astuto que Wot'aai para matar animais selvagens!".

M55. O pássaro K'o e a anta

K'o,[135] o pássaro, e Iekle, a anta, brigavam porque o pássaro havia raptado a esposa da anta. Desde então, K'o tinha se tornado valente e sortudo; encontrava muito mel, tinha êxito nas caçadas, enquanto a anta não era boa para mais nada. Era sempre K'o que levava a melhor. Ele batia sem parar em Iekle. Um dia, Anuklah, a jiboia, soube disso e foi salvar a anta: fez sangrias para que a anta se tornasse tão forte quanto ela própria.[136] Quando acabou de

---

[135] Pássaro não identificado; os tradutores conheciam apenas seu nome indígena. Esse pássaro é importante no imaginário dos Chulupi, que nutrem simpatia pelo personagem de K'o, cujos truques são muito apreciados.

[Provavelmente, trata-se do papa-lagarta-de-bico-preto (*Coccyzus erythropthalmus*) ou do cuco-de-bico-amarelo (*Coccyzus americanus*), ambos conhecidos entre os Chulupi pelo nome de K'o. (N. do T.)]

[136] Para adquirir força e resistência, os mais fortes homens Chulupi fazem incisões nos mais fracos. Para isso, utilizam ossos afiados de animais es-

utilizar o osso, mandou-a lutar novamente com seu inimigo. E, dessa vez, a anta ofereceu mais resistência do que antes. Depois da luta, ela reencontrou a serpente, que fez a mesma operação, e novamente a mandou lutar. Ela resistiu ainda mais do que na primeira vez. Quando a segunda luta terminou, ela voltou para fazer outra sangria com a serpente, que lhe disse: "Agora você não precisa de muito mais para ser tão forte quanto K'o", e a enviou para o combate. A luta foi longa, mas a anta aguentou bem e, quando acabou, ela correu até a serpente para ganhar ainda mais força, antes de voltar para enfrentar novamente seu adversário. Ela mostrou então ser tão resistente quanto K'o, e inclusive mais forte do que ele. Bateu tanto nele que acabou por vencê-lo. A serpente lhe disse para ir buscar sua mulher, e foi o que Iekle fez. Ainda que ele fosse um homem grande e forte, K'o continuava sendo mais forte e ainda batia nele cruelmente.

É por isso que, até hoje, a anta tem os olhos inchados pelos golpes que recebeu de K'o.

M56. Stabu'un e K'o

Antigamente, havia um homem que vivia sozinho na floresta com sua família, bem distante dos outros Chulupi. Ele se chamava Itoklonoh, o homem-fogo. Possuía um fogo misterioso, cujas cinzas utilizava para esfregar uma corda muito longa. Todas as manhãs, ele untava a corda com essas cinzas e depois a mandava ir caçar na floresta. Todos os animais que se aproximavam e a tocavam, permaneciam presos a ela, prisioneiros. E todos os dias ele fazia a mesma coisa.

---

pecialmente fortes (jaguar, puma, ema, carancho). A sangria proporciona uma força dupla, a do animal cujo osso é utilizado e a do homem que a realiza (cf. M58). Essas incisões são feitas nos braços, nos antebraços, nas panturrilhas, nas cochas, no peitoral, na testa e na nuca.

Uma vez, K'o foi caçar e viu por acaso a corda passando. Curioso de saber o que era, pegou uma flecha e a fincou na corda. Mas ela se endireitou e se enrolou em K'o, prendendo-o. A corda voltou para a casa do seu mestre. K'o estava sofrendo muito devido aos espinhos da vegetação. Ele se agarrava a cada árvore do caminho, tentando se soltar da corda. Itoklonoh pensava: "O que será isso, esse animal extraordinário que minha corda capturou?". E quando a corda chegou de volta a sua casa, Itoklonoh viu que ela tinha pegado um homem: "Mas, meu amigo, o que você fez?". K'o contou o que tinha acontecido e o homem o soltou. K'o lhe perguntou então:

— Mas o que é essa corda?

— É para caçar. Eu a esfrego com cinzas, depois a mando caçar. E todos os dias ela me traz alguma coisa, de modo que nunca me falta carne.

K'o lhe pediu uma corda parecida, para poder caçar do mesmo jeito, sem ter que sair de casa. O homem lhe deu uma bola de cinzas, e disse:

— É um presente. Fale para a sua mulher fazer uma corda bem longa para você. Então você passa essas cinzas nela e todos os dias a manda caçar.

K'o levou as cinzas, chegou em casa e disse à sua mulher: "Nós vamos embora daqui. Vamos para muito longe apenas nós dois, e vamos viver felizes". Eles partiram. Quando a mulher terminou a corda, K'o fez o teste com as cinzas, e deu certo. Todos os dias a corda trazia caça. Mas um dia as cinzas acabaram, e eles se viram na mesma situação de antes. E o homem que tinha as cinzas não estava mais lá, tinha ido embora. K'o estava muito triste: "Como vou encontrar novamente uma coisa tão boa?".

K'o começou a pensar numa forma de capturar Stabu'un, que era um homem considerado muito poderoso. Teve a ideia de pegar um *tohlan*, um cacto bem podre, e esfregá-lo por todo o corpo para exalar um cheiro bem ruim. Depois de fazer isso, deitou-se em um lugar aberto e se fingiu de morto. Passado um tempo, veio Hutsah, o carancho, que desceu até ele. Mas Hutsah não teve coragem de tocá-lo, pois não tinha certeza de que K'o estava morto:

o cheiro de podre não estava tão forte assim. Então ele chamou os urubus, que também ficaram desconfiados, pois não tinham certeza de que K'o estivesse realmente morto. Foram então buscar Stabu'un, que chegou imediatamente. Ele despencou de grande altura e enfiou suas garras em K'o, que quase se mexeu devido ao choque, mas permaneceu quieto.

Stabu'un tinha muitas flechas que, quando atiradas, iam diretamente ao encontro da presa. Entre elas, havia uma que nunca ficava parada no lugar em que se havia mirado: ela sempre ia mais longe. Mas tinha outra que ficava exatamente no lugar para onde tinha sido enviada. Stabu'un explicou tudo isso aos urubus, enquanto K'o prestava bastante atenção. Stabu'un também não estava convencido de que K'o estava efetivamente morto. Para ter certeza, pediu a Fisintatah, a pequena mosca, para entrar no nariz de K'o e ver se ele espirrava. Ela se enfiou em suas narinas, mas K'o resistiu e não espirrou. Em seguida, Stabu'un pediu a Fisintatah para se enfiar no ânus de K'o, para subir pela barriga e sair pelo nariz. Mas novamente K'o resistiu e não espirrou: "Ele está complemente morto", declarou a mosca.

Stabu'un queria então começar a cortá-lo em pedaços. K'o acordou e segurou Stabu'un pela asa. Os urubus e o carancho começaram a gargalhar. K'o gritou:

— Peguei você! Vou cortar uma de suas asas para possuir o seu poder!

— Não! Você não pode fazer isso. Vou lhe dar uma de minhas flechas.

— Nada disso! Eu quero é a sua asa!

Stabu'un ofereceu muitas coisas para que ele o soltasse, mas K'o as recusava obstinadamente. Por fim, Stabu'un se convenceu a lhe dar a flecha que permanecia no local onde tinha sido atirada: "Escute! Vou lhe dar a minha melhor flecha. Com ela, todos os dias você terá o que comer. Mas tenha muito cuidado! Não a atire por qualquer motivo, pois se você brincar com ela, ela o abandonará e voltará para mim".

K'o pegou a flecha, soltou Stabu'un e durante muito tempo caçou com ela, obedecendo às recomendações de Stabu'un. Um dia, sua mulher quis cortar um pedaço de carne. Eles tinham se esquecido um pouco das precauções que deviam tomar com relação à flecha: "Me dê a flecha para cortar a carne", disse ela. Mas assim que K'o lhe jogou a flecha, ela voou e voltou para seu mestre, Stabu'un.[137]

M57. K'o, as abelhas e o pica-pau

Antigamente, os homens que iam procurar mel na floresta não eram outros senão as próprias abelhas. Uma vez elas foram buscar mel e K'o também partiu em direção à floresta. Quando chegaram ao lugar onde queriam montar o acampamento, as abelhas começaram a pegar madeira para fazer uma fogueira. Avistaram um homem que não conheciam se aproximando. Era um desconhecido, que tinha seguido seus rastros. Ele parou e dormiu a certa distância delas. Quando acordaram, a abelha negra disse: "É um desconhecido! Vou matá-lo". Ela se aproximou, mas teve pena dele,[138] e voltou para perto de suas companheiras. Então a vespa *carnicero* falou: "Vou matá-lo, porque sou muito brava!". Mas, tomada de piedade, também não fez nada, e até o convidou a se aproximar: "Aproxime-se! Vamos lhe dar de comer". Elas lhe deram mel. O que K'o não conseguiu comer, guardou em seus odres de couro. De noite, enquanto dormia, todo o mel que tinha guardado voltou para a bolsa dos outros homens.

No dia seguinte, todo mundo saiu para procurar mel. A abelha *shimbo'o* foi a um lugar onde havia muitos quebrachos-brancos, pois lá tinha muito mel de *shimbo'o*. A vespa *carnicero* foi à terra vermelha, e a abelha *caran* foi para perto dos formigueiros. Uma outra abelha procurava lugares onde a terra estivesse desco-

---

[137] O tema da flecha mágica é conhecido dos Toba e dos Mataco. Nos mitos toba, a flecha pertence a uma criança extraordinária, a criança-nascida-em-um-pote, e é a raposa que a rouba.

[138] Comparar com M6.

berta, sem vegetação. A abelha *voiti* procurava os grandes cactos onde geralmente faz seu ninho. A *moro-moro* procurava o *palo--santo*. Quanto a T'iso, o pica-pau,[139] ele disse que iria nos *samu'u* (*palo-borracho*). Enquanto isso, K'o continuava dormindo: o sol já estava bem alto quando ele acordou. Ele ouviu os golpes de machado das abelhas procurando mel: *Po, po*!

K'o decidiu ir até as pessoas que procuravam mel e viu o pica-pau. "Quem vem lá?", disse o pica-pau. Ele reconheceu K'o, que estava ao pé da mesma árvore em que ele abria a golpes de machado a entrada de uma colmeia. O pica-pau disse a K'o: "Ouça, meu amigo! Não pegue nenhuma das lascas de madeira que eu cortei". Mas K'o pegou uma e a escondeu. O pica-pau desceu e começou a contar as lascas: faltava uma.

— Escute, meu amigo, está faltando uma lasca! Devolva-a! Se você devolver, lhe darei em troca um ótimo machado, um machado mais rápido do que os outros.

— Ah! Mas eu não peguei nada!

O pica-pau lhe prometeu então um machado que, com apenas três golpes, estraçalhava a colmeia e alcançava o mel. Mas K'o recusou a oferta, reafirmando que não tinha pegado a lasca. Por fim, o pica-pau lhe ofereceu um machado que com um golpe só abria a colmeia, possibilitando que o mel fosse facilmente retirado. Então K'o ficou satisfeito e devolveu a lasca. Ao lhe dar o machado, o pica-pau lhe recomendou: "Vou lhe dar esse machado. Mas escute bem: quando subir nas árvores, não esqueça o machado embaixo".

A partir desse dia, K'o pôde coletar muito mel, conseguindo encher todas as bolsas. Todo mundo ficou surpreso, pois antes não era assim. Foi tanto mel que K'o pôde se casar.[140] Durante muito tempo ele teve sorte, até que um dia esqueceu o conselho do pica--pau: deixou o machado cair do alto de uma árvore onde estava

---

[139] *T'iso* é uma variedade de pica-pau com a cabeça vermelha e hábil para encontrar mel.

[140] De fato, para poder se casar, um jovem Chulupi deve dar provas de que é um bom coletor de mel e um bom caçador.

empoleirado. Então o machado imediatamente voou e voltou para seu mestre, o pica-pau.

Desde então, K'o voltou a ser pobre.

M58. K'o e Hutsah, o carancho

Hutsah e sua família foram visitar a aldeia de K'o, que logo se apressou para cumprimentar o urubu:

— *Ikutsfa!* Meu amigo, você é seguramente um grande caçador, que se levanta cedo!

— Oh, não, eu não sou nenhum grande caçador, nem muito matinal. É verdade que saio para caçar, mas quase sempre volto de mãos vazias.[141]

No dia seguinte, bem cedo, os dois saíram para caçar. Quando chegaram à floresta, separaram-se: "Você irá por ali e eu por aqui", disse K'o. Depois de algum tempo, Hutsah se transformou em carancho e imediatamente avistou um veado. Desceu em direção a ele e, transformando-se novamente em homem, matou o bicho com uma flecha. Em seguida, colocou sua presa nas costas e sem demora voltou para a aldeia. Sua mulher colocou o veado para cozinhar. "K'o ainda não chegou?", perguntou ele. Já era meio-dia e K'o ainda não tinha voltado. Quando chegou, Hutsah lhe perguntou:

— Então, meu amigo, você não encontrou nada?

— Não, e você?

— Encontrei e trouxe pra casa, mas com certeza era a presa de um jaguar.

A esposa de Hutsah exclamou: "K'o não é nada comparado ao meu marido, que é um grande caçador! Nunca ouvimos falar de um só êxito de K'o". Então K'o foi encontrar Hutsah e disse:

---

[141] Polidez dos índios: o anfitrião elogia o visitante que, por sua vez, adota uma postura de extrema modéstia. Comparar com a atitude do *jilguero* em M7.

— Meu amigo, amanhã, antes de partir, me acorde: vamos caçar juntos. Eu costumo acordar um pouco tarde.

— Tudo bem, eu o acordo.

No dia seguinte, Hutsah se levantou bem cedo e chamou: "*Ikutsfa!* Amigo!", e partiu. K'o não acordou. Hutsah caminhou um pouco, depois começou a voar e avistou dois veados. Então desceu, transformou-se novamente em homem e flechou os dois. Carregou-os até a aldeia e K'o acordou bem no momento em que Hutsah entregava suas presas:

— Mas, meu amigo, por que você não me acordou antes de sair?

— Sim, eu o chamei, mas, como você não acordou, fui sozinho.

— Está bem! Sendo assim, essa noite vou dormir perto de você e amanhã iremos juntos.

K'o passou então a noite com Hutsah. Este acordou bem cedo e deu uma cotovelada em K'o, que, apesar disso, não acordou. Hutsah partiu sozinho e, dessa vez, matou três veados. Voltou à aldeia e sua mulher colocou os três bichos para ferver.

K'o continuava dormindo, e já era quase meio-dia. Os cachorros começaram a brigar pela carne e K'o só acordou quando começaram a pisar em cima dele. Ele se levantou, cego pela luz do dia, e tomou o caldo de veado que lhe ofereceram.

— Tome esse caldo! — disse Hutsah. — Ele fará seu sono passar. Parece que nunca fizeram incisões com osso de *hutsah* em você! Pois o carancho se levanta cedo, ele nunca se desmilingue! Se fizermos uma sangria com osso de *hutsah*, você sempre acordará cedo, terá coragem e será um bom caçador![142]

— Mas eu não sei quem poderia me sangrar.

— Procure Hutsah! Ele é um homem da manhã e um grande caçador!

E foi o próprio Hutsah que procurou K'o: "Você nunca foi sangrado, por isso dorme tanto. Se continuar assim, nunca terá o que comer!".

---

[142] Cf. M55, nota 136.

M59. K'o e Vavohlai, o lobo

Uma vez Vavohlai[143] saiu de sua casa para ficar à espreita no caminho pelo qual K'o costumava passar. Quando K'o apareceu, Vavohlai avançou nele, gritando: "Ah, que homem! Vou matá-lo!". Mas naquele mesmo momento apareceu a vespa *hlavoké*, que declarou: "Não! Sou eu que vai matá-lo! Pois não tenho paciência". Ela foi na direção de K'o, mas teve pena dele por ele estar faminto.

— O que está procurando? — a vespa lhe perguntou.
— Mel de lechiguana.[144]
— Mas como você não está encontrando, se há muito por aqui? Não é possível que você não encontre! E na sua bolsa, o que você está levando?
— Pequenas cabaças.
— E por que você está aqui neste caminho?
— Saí com a esperança de encontrar alguma coisa para os meus filhos comerem.

Então a vespa levou K'o até Vavohlai. "Coma isso!" E eles lhe deram mel de lechiguana.

Enquanto K'o comia o mel, as abelhas voavam ao redor dele.

— Olhe as abelhas, como voam! — disse Vavohlai, apontando para elas.
— Está vendo?
— Não, não posso vê-las.

Vavohlai olhou nos olhos de K'o:
— Parece que você está cego! Venha, vamos arrumar isso.

---

[143] Trata-se do *aguara guasu*, o lobo-guará (*Chrysocyon brachyurus* I.). A associação que esse mito estabelece entre o lobo-guará, o mel da abelha lechiguana e as abelhas encontra uma correspondência perfeita nas práticas mágicas mataco: todos os anos, em agosto, os xamãs mataco vão à casa da mãe das abelhas a fim de que ela permita o retorno sazonal das lechiguanas; para fazer essa viagem, eles se transformam em lobo-guará.

[144] A lechiguana é uma vespa. Segundo os Chulupi, existem dois tipos: a lechiguana "verde", cujo mel é muito forte e tóxico, e a lechiguana, cujo mel pode ser consumido sem perigo.

Ele retirou uma mancha que K'o tinha nos olhos, e novamente lhe mostrou as abelhas:

— E agora, está vendo?

— Mal consigo distingui-las!

Vavohlai retirou mais algumas manchas:

— Agora você consegue ver aquelas abelhas ali?

— Ah, sim! Agora eu as vejo bem! Elas carregam água em suas patas.

— Siga-as! Vá até a colmeia, retire o mel e leve-o para seus filhos![145]

K'o seguiu seus conselhos e descobriu onde havia mel. Seus filhos se fartaram de tanto comer. Mas sua vista aguçada durou apenas duas noites. K'o a perdeu novamente e sua família voltou a passar fome. K'o tinha retirado o mel, mas não levou a colmeia e o galho em que ela estava pendurada.[146]

---

[145] De fato, é seguindo com o olhar o voo das abelhas que os homens localizam as colmeias.

[146] Algumas variedades de vespas e abelhas constroem suas colmeias com terra. Seus ninhos esféricos ficam pendurados em galhos, mas devem ser arrancados dali, do contrário, não se encontrará mais o mel dessa abelha.

VIII.
HISTÓRIAS MORAIS

M60. O TATU E SUA MULHER

Antigamente, havia uma jovem que era constantemente vigiada por seus pais, por causa disso ela ainda não conhecia nenhum homem. Muitos queriam cortejá-la, mas os pais dela os espantavam imediatamente. Foi então que Kotsetah[147] decidiu cavar galerias partindo da sua toca. Ele chegou exatamente embaixo do local onde a jovem dormia. Lá, ele se transformou em homem e fez amor com ela. E toda noite os pais da jovem a escutavam rir e falar, até que sua mãe lhe perguntou:

— Mas com quem você está sempre rindo e falando?
— Com ninguém! Eu rio e falo sozinha!

Na verdade, ela estava fazendo amor com Kotsetah, e eles continuaram fazendo isso até o dia em que perceberam que ela estava grávida:

— Mas com quem você vive?
— Com ninguém!

Seu irmão mais velho decidiu então ficar à espreita durante a noite. Kotsetah apareceu e o homem lhe enfiou uma flecha na nuca, matando-o:

— Então era ele o seu marido! — disse.

A mulher começou a chorar:

— Por que você o matou? Eu fazia muito amor com ele!

---

[147] Tatu-mulita: um tatu cuja carapaça não se fecha como a do tatu laranja.

Muito tempo depois, quando estava prestes a dar à luz, ela morreu. Seus parentes a enterraram na floresta.[148] Alguns dias depois, a criança nasceu dentro da cova. Todo dia, de manhã e à tarde, ela saía da sepultura. Depois de algum tempo, o pai e a mãe da jovem foram visitar o túmulo.[149] Chegando lá, eles viram muitos rastros da criança: "Por que tem tantos rastros de criança sobre a sepultura de nossa filha? Talvez seja o filho dela!". De volta à aldeia, contaram sua descoberta ao filho mais velho, que decidiu ir vigiar a cova no final da tarde. A criança apareceu bem naquele momento. O homem a deixou se distanciar um pouco, depois aguardou na entrada da galeria para poder capturá-la quando ela voltasse. Foi assim que ele agarrou seu sobrinho, que chorava e gritava. Ele o levou consigo. "Trago comigo meu sobrinho! É uma criança como as outras, vamos criá-lo."[150]

Eles cuidaram da criança e, depois de algum tempo, ela começou a falar. Eles queriam lhe dar comida, carne cozida, mas ela recusava. Um dia, à tarde, ela convidou sua avó a ir procurar mel da abelha *vastse*, que faz sua colmeia na terra.

— Mas o que vamos procurar? Não existe esse mel aqui!
— Em algum lugar deve ter, sim.

Então a avó a acompanhou e, não muito longe da aldeia, a criança avistou uma abelha que voava:

— Avó, olhe, tem uma abelha ali! A colmeia deve estar aqui perto! Você está vendo?
— Não, eu não vejo nada.

Ela se aproximou da abelha e viu a colmeia. Imediatamente entrou nela e retirou todo o mel. Desde então, passou a fazer sempre a mesma coisa. Seus pais ficaram bem mais atenciosos com ela, pois ela sempre lhes dava muito mel. Enquanto crescia, ela sempre oferecia comida a sua avó.

---

[148] Se uma mulher morre durante o parto, a criança, viva ou morta, é enterrada com ela.

[149] O ritual de luto implica a visita à sepultura todos os dias durante o período imediatamente posterior à morte.

[150] O tio materno, chamado "pai", é o homem com quem se pode contar em todas as circunstâncias.

Até que um dia ela desapareceu. Seus parentes a procuraram, mas em vão.[151]

M61. A mulher adúltera

Uma mulher abandonou seu marido para fugir com o amante. Eles caminharam por um bom tempo, até um lugar coberto de relva. O marido saiu atrás deles e os alcançou enquanto dormiam: "Veja só! Então é aqui que vocês estão dormindo!". A mulher o escutou, ergueu a cabeça, assustada, e fez: "Heh! Heh!". O homem também acordou e quis se levantar, mas o marido atirou duas flechas e ele caiu: "Wah!". A mulher se levantou.
— Não me mate!
— Não, não a matarei! Mas você já se deitou com seu segundo marido, que era seu preferido.

A mulher se jogou então sobre o marido para abraçá-lo: "Deixe-me tranquilo! Caminhe na frente". Partiram. Depois de alguns instantes, ele lhe atirou uma flecha pelas costas e, antes que ela gritasse, executou-a com sua borduna. Depois a carregou para perto do amante e abriu sua barriga, para arrancar o estômago. Em seguida, deixou os corpos um ao lado do outro. Limpou com cuidado o estômago, arrancou algumas folhas para embrulhá-lo e colocá-lo em sua bolsa, e retornou à aldeia.

Ele chegou à casa da bisavó de sua mulher, onde eles viviam, e lhe entregou o estômago: "Cozinhe isso. É o estômago de um porco que eu acabei de matar. Vamos comê-lo e mais tarde eu trarei o resto do porco". A velha colocou o estômago para cozinhar. Quando a água começou a ferver, a velha molhou os dedos no caldo e os lambeu: era muito gorduroso.

---

[151] Os Toba têm um mito muito parecido, mas entre eles é uma cobra píton que desempenha o papel do tatu e é Carancho, o herói cultural, que a mata.

— Isso tem um gosto péssimo! — disse ela.
— Deve ser porque eu não o limpei muito bem — respondeu o homem.

Quando estava bem cozido, ela o chamou:
— Meu genro! O estômago está bem cozido!
— Pode comê-lo sozinha, sogra!

A velha cortou um pedaço para comer:
— Que cheiro desagradável, e que gosto ruim tem o estômago desse porco!
— Isso não me surpreende, pois eu não o limpei muito bem. Não tive vontade de ir até a lagoa para lavá-lo.

A velha continuou a comer e engoliu tudo. O homem então lhe disse:
— Muito bem! Você acaba de comer o estômago de sua bisneta!
— Você só pode estar brincando!
— De todo modo, mais tarde sua bisneta voltará.

Ele foi embora.

Enquanto isso, passou um homem da aldeia para onde os dois amantes tinham pretendido fugir e viu os dois, mortos. Ele voltou para a aldeia e anunciou o que tinha acontecido: "Provavelmente foi o jaguar que os matou. Eu os encontrei por causa dos urubus".

Quanto ao marido, ele foi embora para a aldeia de seus pais, levando consigo o filho de cinco anos. Ele contou ao pai que tinha matado a mulher e o amante dela, e que tinha abandonado os corpos na floresta. Os parentes da esposa, por sua vez, decidiram se vingar do marido e todos os homens partiram, em grupo. Mas o marido também tinha muitos parentes, e os dois grupos se puseram frente a frente, prontos para o combate. O marido tomou a palavra: "Eu matei minha mulher, pois era o meu dever! Vocês sabiam o que ela fazia, e não disseram nada!". Todos estavam em seus cavalos, falando ao mesmo tempo e a ponto de se lançarem uns contra os outros. "Você tem que esquecer tudo isso!", disse um dos parentes do marido. "Tudo isso é culpa da mulher, e culpa de vocês também, pois vocês nada disseram à sua irmã. Mas se vocês querem lutar por uma mulher que não valia nada, nós vamos lutar e muitos de vocês vão morrer." Os outros, sem responder, detiveram seus cavalos, deram meia-volta e foram embora. "E, além disso, ela tinha um filho!", acrescentou o homem.[152]

M62. IEKLE, A ANTA

A anta tinha seduzido uma mulher casada. Ia com ela buscar algarobas bem grandes que tinha encontrado e a ajudava a colher os frutos. Todo dia, ao final da tarde, a mulher voltava à aldeia e trazia mais algarobas do que os outros, com frutos maiores e mais pesados. Isso durou muito tempo. Um dia, uma mulher lhe perguntou:

— Onde você encontra algarobas tão bonitas?
— No mesmo lugar em que todas nós vamos!
— Mas por que então eu não encontro algarobas como as suas?
— É que eu escolho apenas as maiores.

Um dia, porém, ela foi vista saindo com a anta, que a esperava na beira da floresta. Avisaram seu marido:

— Sua mulher está na floresta com a anta!
— Por onde eles foram?
— Por ali.
— Então é por isso que ela sempre traz algarobas tão lindas! Vou encontrá-los.

Ele seguiu os rastros deixados por eles. A mulher e seu amante-anta estavam na floresta, bem longe, numa campina onde cresciam as algarobas. O marido viu Iekle em cima da árvore, sacudindo-a para derrubar os frutos. Embaixo, a mulher os apanhava. O

---

[152] Esse mito e o seguinte são provavelmente dois episódios de uma mesma história, pois o amante da mulher adúltera é a anta. Esse mito, talvez um pouco degradado entre os Chulupi, também é conhecido pelos Toba, que o contam quase nos mesmos termos: também encontramos nele a refeição canibal que o marido impõe aos parentes da esposa para se vingar de sua infidelidade. No final do mito toba, o marido enganado e seus filhos se transformam em pássaros para escapar dos parentes da vítima.

homem se sentou e começou a afiar as flechas: "Deixe estar, anta! Vou lhe dar o que você merece!", pensava ele. Ouviu então a anta dizer à mulher: "São os últimos. Agora vou descer". O marido se aproximou da árvore bem devagar. A mulher não podia vê-lo, pois ele vinha por trás, e ela estava curvada. Ele atirou então uma flecha na anta, que caiu no chão fazendo "Ha!". Imediatamente o homem atirou outras duas flechas na mulher: "Agora eu matei os dois!", exclamou. E foi embora, furioso e resmungando: "A anta ainda pode tentar me pegar! Ela pode querer se vingar! Se fosse uma mulher solteira, eu não teria feito nada!". Um outro homem exclamou então: "Tenho a impressão de que as mulheres não irão nos amar mais! Que elas vão preferir os animais!". Ele estava com ciúme.

Foi assim que o homem ficou viúvo contra a sua vontade, por causa da mulher e da anta. Mesmo assim, ele ficou de luto.

M63. A MULHER E A BRASA

Uma jovem estava sentada perto do fogo, com as pernas um pouco afastadas. A brasa começou a crepitar e uma faísca penetrou na sua vagina: ela ficou grávida. Nove meses depois, ela deu à luz dois meninos gêmeos. Eles eram muito chatos, absolutamente insuportáveis: tão ruins, que decidiram dar um banho neles.[153] Os gêmeos se apagaram imediatamente e afundaram no rio, transformados em carvão.[154]

Desde essa época, as jovens evitam abrir as pernas quando estão sentadas próximas ao fogo.

---

[153] Os Chulupi, como a maioria dos índios, são pacientes com as crianças. Quando elas estão muito difíceis, limitam-se a molhá-las com água fria para acalmá-las.

[154] Os gêmeos, que supostamente atraem infortúnios, são mortos ao nascerem.

M64. TSIK'O

Uma jovem muito reservada tinha sido prometida para o velho Tsik'o.[155] Um dia, ela se casou com ele. Eles foram juntos para a floresta, ela em busca de raízes de caraguatá, ele à procura de mel. O homem caminhou um pouco e se sentou debaixo de uma árvore, perto de uma lagoa. Ele cochilava apoiado em um tronco. A mulher foi procurar água para beber. Ela passou perto do seu marido, olhou para ele e foi encher o jarro. Em seguida, foi encontrar com sua irmã mais velha e lhe disse:

— Minha irmã, meu marido é um velho! Ele está ali, dormindo encostado em uma árvore!

— Então vamos matá-lo!

Elas se aproximaram do velho e tentaram golpeá-lo com uma borduna, mas imediatamente ele se transformou em pássaro e subiu numa árvore gritando: "Tsapé! Tsapé! Tsapé! Já estou satisfeito!". De fato, a mulher já estava grávida dele. E chorou de raiva, por ter engravidado do velho.

M65. TSHIAPO, O URUTAU

Um homem tinha se casado com Tshiapo. E, toda noite, suas irmãs o escutavam falar sozinho em casa.[156] Isso se repetia sempre e, no entanto, ele estava sozinho: ninguém sabia com quem conversava. Um dia, ao sair, ele disse a suas irmãs caçulas: "Que ninguém toque na minha bolsa! Não encostem suas mãos nela!". Ele sempre deixava a bolsa pendurada dentro de casa, o que atiçava a curiosidade das irmãs: "O que será que tem na bolsa?". Elas resolveram ver o que tinha ali. Uma delas enfiou a mão na bolsa e uma voz ressoou, dizendo: "Cuidado! Não coloque seu dedo no

---

[155] Uma variedade de pica-pau.
[156] Comparar com M2.

meu olho!". Surpresas, elas recuaram. Então, Tshiapo saiu da bolsa na forma de uma mulher e se sentou com as irmãs.

Um pouco depois, o homem voltou, viu Tshiapo do lado de fora e entendeu o que suas irmãs tinham feito:

— Por que vocês tocaram no que eu as tinha proibido de tocar?

— A gente só queria saber o que tinha ali dentro!

E definitivamente elas tinham descoberto o que era! Tshiapo estava grávida, e seu marido não queria aparecer ao seu lado antes que ela parisse. No dia seguinte, as duas irmãs foram para a floresta procurar feijões selvagens e começaram a falar mal de sua cunhada, que ouviu tudo, pois estava perto, buscando água: "Nossa cunhada é uma preguiçosa! Ela nem sequer vem colher as coisas com a gente!". Quando suas bolsas estavam cheias de feijões, elas voltaram para a aldeia. A cunhada delas estava um pouco consternada, depois de ter ouvido aquelas críticas. De noite, Tshiapo também saiu para buscar feijões e trouxe duas vezes mais do que as duas irmãs juntas, e feijões mais bonitos do que os delas. Antes de amanhecer, ela já estava de volta, dormindo com seu marido.

Quando o dia clareou, a mãe e as irmãs do homem viram todo aquele feijão, muito melhor do que os outros. Uma das irmãs perguntou ao homem:

— Mas em que momento a sua mulher sai para buscar tudo isso?

— Não sei! Pois quando ela sai, ainda estou dormindo.

Sua mãe também lhe perguntou:

— Onde sua mulher encontra esses feijões tão grandes e bonitos?

— Não sei! Ela só sai à noite.

E, mais tarde, ele disse às suas irmãs, que ainda estavam dormindo: "Nunca falem mal da cunhada, pois ela pode ser muito mais valiosa do que vocês!". De fato, toda a colheita de Tshiapo já estava na casa, enquanto as irmãs continuavam dormindo.[157]

---

[157] Tshiapo é um pássaro noturno. Esse mito pode ser aproximado do mito toba "Estrela, esposa de um mortal", em que Estrela está na origem das

Histórias morais

M66. O pássaro Vokoko

Vokoko[158] foi convidar todos os seus amigos para participarem da sua colheita. Ele tinha uma plantação de cacto. O pássaro Iunutah,[159] que era um *kaanokle*,[160] disse a Vokoko:

— O que você quer?

— Ah, nada! Vim apenas convidar meus amigos para me ajudarem com a colheita, que já deve estar madura.

Eles foram em massa e começaram a colher os frutos dos cactos, que são o alimento habitual de Vokoko. Todo mundo estava ali, homens e mulheres. Depois de feita a colheita, começaram a dançar, e dançaram a noite toda. Dois dias depois, *kaanokle* convidou Vokoko a ajudar na sua colheita:

— Vamos fazer a minha colheita também. Daqui a dois dias, ela já deve estar madura.

Ele tinha uma plantação de cacto *tohlan penca*. Dois dias depois, todo mundo estava ali para fazer a colheita de Iunutah. Muita gente estava presente. "É preciso colher tudo! Que não sobre nada! E assim esperaremos pela próxima colheita!", disse o chefe. Fizeram isso e cada um retornou à aldeia, bem carregado.[161]

M67. Os grandes porcos-do-mato Woho

Woho, o porco-do-mato, foi convidar seus amigos a ajudarem na colheita de um terceiro. Um dos porcos perguntou:

---

plantas cultivadas. Aqui, é uma mulher-pássaro que traz os frutos selvagens em grande quantidade.

[158] *Vokoko*, pássaro não identificado.

[159] *Iunutah*: *Cariama cristata*.
[No Brasil, ave conhecida pelo nome de seriema. (N. do T.)]

[160] Os *kaanokle* são os guerreiros, os chefes.

[161] Sobre a troca das colheitas, cf. M1, nota 19.

— Por onde vamos passar?
— Pelo rio. Assim teremos água quando quisermos.
Um outro porco disse:
— Não vamos convidar os *wokaklei*,[162] porque eles são muito maus.

Eles se puseram a caminho e depois de dois dias chegaram às plantações. Além das colheitas, havia também o alimento selvagem dos porcos-do-mato. À noite, começaram a comer tudo o que podiam, e continuaram no dia seguinte. Os donos humanos das plantações tinham ido um pouco mais longe, com a intenção de voltar quando as colheitas estivessem maduras. Os porcos comeram até o último grão de milho, e então seu chefe disse: "Não há mais nada para comer aqui. Vamos para outro lugar!". No caminho de volta, eles encontraram os *wokaklei*, que, furiosos, perguntaram aos *woho*:

— Por que vocês não nos convidaram?
— Porque vocês estavam muito longe![163]

M68. O VELHO VISITANTE

Um homem já idoso avisou aos parentes que ia fazer uma visita aos seus filhos. No caminho, encontrou uma tartaruga: "Que sorte!", disse ele. "Assim eu tenho algo retangular!" Ele a apanhou e continuou caminhando. Um pouco mais adiante, encontrou um tatu-bola: "Que sorte a minha!". Ele o pôs em sua bolsa e seguiu em frente. Chegou então a uma baixada, onde sempre havia água, e encontrou uma outra tartaruga, que também levou consigo. Con-

---

[162] A outra espécie de porco-do-mato grande. Cf. M8, nota 50.

[163] Muitas mitologias indígenas (por exemplo, a dos Guarani) retratam os porcos-do-mato dessa forma: gulosos e ladrões, recusam-se a compartilhar e não respeitam nenhuma regra.

tinuando sua viagem, encontrou um cangambá. Ele também quis capturá-lo, mas o cangambá urinou em seus olhos e o velho se contorceu de dor. Quando a dor passou um pouco, ele voltou a caminhar. Ele não estava longe da aldeia dos seus filhos quando viu um tamanduá. Como não sabia que animal era aquele, ficou escondido na beira do caminho. Um pouco mais à frente, havia um formigueiro que o tamanduá começou a demolir. Depois, começou a soprar, esticando uma língua enorme, para comer as formigas. O velho ficou estupefato:

— O que você está fazendo? — perguntou.

— Heu! Heu! — fez o tamanduá, partindo para o ataque.

O velho saiu em disparada e, em sua fuga, perdeu tudo o que havia recolhido no caminho: as duas tartarugas e o tatu. Por fim, chegou à casa do filho:

— Um animal de nariz comprido me atacou! Não sei o que é. Ele é muito mau! Tem longas garras e queria me matar.

— Deve ser um *skuvlah*, um tamanduá! — disse um dos seus filhos.

— Neste caso, você não pode ir embora — disse um outro.

— Impossível, meu filho! Eu preciso ir embora, mas com vocês. Se eu não voltar, sua mãe vai chorar.

Os filhos o acompanharam. Quando chegaram ao lugar onde o velho tinha encontrado o tamanduá, ele lhes contou como tinha acontecido: "E, se ele tivesse me pegado, é bem capaz que me devorasse!".

Chegaram à aldeia do velho:

— Chegamos! Estamos trazendo nosso pai. Ele teve muito medo do tamanduá, que quase o matou!

Estavam zombando dele.

— E como não ter medo diante de um nariz daqueles? Ele quase me derrubou. Poderia ter me comido vivo!

— E por que você não esperou para matá-lo com um golpe de borduna? — perguntou uma de suas filhas.

— Mas ninguém pode esperar perto de um animal desses! Que nariz ele tem!

— Mas ele não tem dentes!

— Um nariz comprido sem dentes, impossível!

O velho estava todo ferido por espinhos, porque tinha corrido muito de tanto medo que teve.

M69. Os dois esposos que falavam mal[164]

Um dia uma mulher disse a seu marido: "Amanhã, vamos procurar mel". "Está bem, vamos."[165] Partiram de manhã cedo. Para coletar o mel, levavam bolsas de peles de moscas, de serpentes e de lagartixas. Na floresta, separaram-se. Depois de algum tempo, a mulher encontrou uma colmeia no oco de uma árvore: "Haaah!", gritou. Ela não conseguia falar muito bem, porque tinha um bócio enorme. O homem respondeu: "Tiii!", pois tampouco conseguia falar corretamente. Faltava-lhe um pedaço da língua e já não tinha mais os dentes da frente. "Venha ver o que eu encontrei!", gritou ela. Ele foi para perto dela e perguntou:

— O que você viu?
— Eu não sei o que é, tem abelhas negras.
— Não gosto nada disso!

Partiram outra vez e caminharam por um bom tempo. A mulher encontrou outra colmeia. Novamente, ela gritou: "Haaah!". "Tiii! O que você encontrou?" "Abelhas negras de novo, mas um pouco diferentes das outras." "Não gosto nada disso." A mulher

---

[164] O título desse mito já indica o seu propósito: trata-se de uma zombaria grotesca da "realidade humana". Os esposos estão aquém da linguagem, pois falam mal; aquém das regras sociais, pois é a mulher quem convida o homem para ir coletar mel e é ela quem localiza as colmeias, sendo que essas tarefas são masculinas. As bolsas que levam são ridículas, e a única colmeia descoberta pelo homem lhe escapa: quase todas as abelhas fogem, levando consigo a colmeia. Enfim, último passo rumo à animalidade, eles acasalam como cavalos.

[165] É sempre o homem quem decide sair para coletar mel. Além disso, raramente o homem convida sua mulher, ele o faz somente quando tem absoluta certeza de que vai encontrar mel. Caso contrário, ele é definitivamente desacreditado.

começou a ficar com fome, mas se aguentava, ainda não estava muito brava: "Por que", perguntava-se ela, "ele não abriu nenhuma das colmeias que eu encontrei?". Eles se puseram novamente a caminhar e ela começou a se irritar. Ela encontrou uma terceira colmeia:

— Haaah!
— Tiii!
— Venha ver o que eu encontrei!
— Onde está a abertura da colmeia?
— Ela está bem na extremidade do tronco.
— Ah! Eu não gosto dessas coisas!

A mulher ficou então realmente brava e começou a gritar: "Haaah! Você diz isso sobre todas as colmeias que eu encontro!".

Mais uma vez eles partiram, cada um para um lado. Foi então a vez do homem encontrar uma colmeia: "Tiii!". A mulher o escutou, mas não respondeu. "Tiii!", repetiu o marido, e de novo ela não respondeu. "Tiii!", gritou ele uma terceira vez. "Mas o que está acontecendo", pensou ele, "com essa papuda da garganta inchada? Tiii!", gritou ele uma quarta vez. Ela respondeu com um assobio e exclamou:

— Eu encontrei muitas colmeias, mas você não deu nenhuma importância!

— Ah, sim? Pois então, por culpa sua, por você não ter me respondido, a colmeia foi embora com a árvore, partiu com o *palo-mataco*! Ela foi para lá, naquela direção, e a vespa *onniti* também foi embora, levando o formigueiro onde ela tinha feito seu ninho! E outras espécies de abelhas também foram embora.

Por sorte, uma abelha negra tinha ficado por ali. O homem abriu sua colmeia e, após alcançar o mel, chamou sua mulher, pedindo-lhe que trouxesse uma bolsa. Ele queria a pele da menor mosca, pois, segundo ele, nessa bolsa cabia muito mais do que nas outras, inclusive nas que eram feitas de pele de serpente. Ele encheu primeiro o odre de pele de mosca, depois os restantes: todos ficaram cheios.

Então, começaram a retornar. Quando passaram por uma campina que há pouco havia sido queimada, a mulher disse ao marido:

— Pai de Kuvishane![166] E se a gente se divertisse como os cavalos!

— Ótima ideia! Vamos nos divertir assim!

— Está bem! Então vá lá comer pasto.

O homem foi e ela não saiu do lugar. Os dois estavam de quatro, como cavalos pastando. Algum tempo depois, a mulher começou a relinchar: "Hihihihi!". O homem respondeu com um outro relincho: "Tiihihihi!". Ele levantou a cabeça e viu onde ela estava: teve vontade de ir correndo até ela, seu pênis já estava ereto. Galopou em sua direção. Ela imediatamente se colocou em posição para recebê-lo, com o traseiro bem firme. Ele quis montar nela, mas ela lhe deu um coice bem no meio do estômago. Ele caiu com as quatro patas pra cima, inconsciente. Ela se virou e viu que ele estava desmaiado: "Haaah! Que garanhão é esse que desmaia com um simples coice!". E começou a chorar como um jumento: "Haaah! Coitado do pai de Kuvishane!". Depois de algum tempo, o homem voltou a si, e a mulher zombou dele:

— É impressionante ver um cavalo desmaiar assim!

— Vamos recomeçar!

— Está bem! Vá pastar novamente.

Ele saiu e a mulher voltou a relinchar. O marido murmurava: "Você não perde por esperar! Dessa vez você vai ver!". E ela respondeu: "Tiiihihihi!". Ele correu na direção dela, com muita raiva. Vendo-o se aproximar, a mulher posicionou-se como na outra vez. Ele pulou em cima dela e, agarrando-a pela nuca, mordeu-a com toda a força. Ela gritou: "Aka! Aka! Você está me machucando! Que garanhão é esse que morde a sua fêmea?". Mas ele a mordia cada vez mais forte, e a mulher sacudia sua cabeça violentamente, para a esquerda e para a direita.

Foi assim que ele se vingou do coice que tinha levado. Depois disso, eles voltaram para casa, reconciliados.

---

[166] Os esposos nunca se chamam pelo nome, mas por "pai ou mãe de fulano", ou simplesmente por "Heh!".

Histórias morais

M70. O homem a quem não se podia dizer nada[167]

Certo dia, a família de um velho que possuía poucas abóboras cozidas pediu a ele que convidasse alguns amigos para comer as abóboras. Mas, aos gritos, ele chamou as pessoas de todas as casas das aldeias. Exclamava aos berros:

— Venham todos comer! Todo mundo tem que vir comer!

— Já vamos! Todo mundo vai vir! — respondiam as pessoas.

No entanto, havia apenas um prato de abóboras. Assim, os dois ou três primeiros que chegaram comeram tudo, e não sobrou nada para aqueles que continuavam chegando. Toda a gente estava reunida na casa do velho, mas não havia mais nada para comer. "Como é possível?", espantava-se ele. "Por que então me pediram para convidar as pessoas para virem comer? Fiz o que me pediram. Pensei que tinha muitas abóboras. A culpa não é minha! São sempre os outros que me fazem mentir! E daí eles ficam aborrecidos comigo, porque me fazem dizer o que não é verdade!" A sua mulher lhe explicou então:

— Você deve falar calmamente, com a voz muito baixa: "Venham comer abóboras!".

---

[167] Isto é, o homem que entende as coisas ao pé da letra. Esse foi o título que os índios nos deram. Assim como o precedente, esse mito manifesta uma intenção zombeteira: trata-se de caçoar dos xamãs. O herói da narrativa é retratado de maneira burlesca: ele é um pouco besta, não sabe exercer sua função de médico e cai sistematicamente nas situações mais ridículas; além disso, é um grande libertino que não recua nem mesmo diante de um incesto. Note-se que é somente por meio do mito que os índios podem rir dos seus feiticeiros, pois, na realidade, eles os temem muito e, por prudência, nunca ousam zombar deles. Para além de sua força cômica (os índios morrem de rir ao escutá-lo), esse mito é muito rico: descreve com exatidão uma cura xamânica e a viagem que o espírito do médico realiza em busca do espírito do doente.

— Mas por que você me disse para ir convidar as pessoas que estão lá longe? Eu gritei para que elas pudessem ouvir!

A velha resmungou: "Que velho cretino esse, que foi convidar todas essas pessoas!".

Algum tempo depois, ele foi convidar os parentes para fazerem a colheita da sua plantação de melancia. Mais uma vez, toda a gente veio, sendo que havia apenas três pés. "Vamos colher minhas melancias! Há muitas!", ele tinha anunciado em voz alta. E todas as pessoas estavam ali, com suas bolsas, diante dos três pés de melancia. "Eu pensei que houvesse muitas!", desculpava-se o velho. "Mas há abóboras e *anda'i*, podem ficar com elas!" As pessoas encheram suas bolsas com abóboras e *anda'i*, em vez de melancias.[168]

Depois da colheita, o velho voltou para casa. Lá, encontrou sua neta: ela trazia o filho doente para que ele o curasse, já que era um *tôoie'eh*, um xamã:

— Avô! Cuide bem do seu bisneto que tem febre! Cuspa!

— Está bem! Vou cuidar dele imediatamente!

E começou a cuspir sem parar sobre o menino, cobrindo-o completamente de saliva.[169] A mãe da criança exclamou:

— Mas não é assim! Você deve soprar! Sopre! Vamos ver se você consegue cuidar melhor dele!

— Está bem, está bem! Mas por que você não me disse antes? Você me pediu para cuspir sobre o meu bisneto, não para soprar. Então, eu cuspi!

Obedecendo à sua neta, o velho começou a soprar sobre a criança, a soprar e soprar sem parar. Depois de um tempo, a mulher o interrompeu e lembrou-o de que também era preciso procurar o espírito do doente.[170] O avô se levantou imediatamente e

---

[168] *Anda'i*: *Cucurbita moschata*. Esse episódio remete ao sistema de troca de plantas cultivadas praticado pelos Chulupi: cada homem convida todos os outros homens de sua aldeia para fazer a colheita de suas plantações, e cada um leva para casa o que conseguiu colher.

[169] A saliva dos xamãs é conhecida por ser muito poderosa.

[170] Teoria indígena da patologia: a doença ocorre quando o espírito

começou a procurar, erguendo todos os objetos da casa por tudo quanto é lado.

— Mas avô, não é assim! Sente-se! Sopre! E então cante!

— Mas por que só agora você está me dizendo isso? Você me disse para procurar meu bisneto, então eu me levantei para procurá-lo!

Ele se sentou novamente e mandou chamar os outros feiticeiros para que o auxiliassem na cura, ajudando-o a encontrar o espírito do seu bisneto. Eles se reuniram todos na casa do velho e ele os exortou: "Nosso bisneto está doente. Vamos tentar descobrir a causa da sua doença".

O animal auxiliar do seu espírito[171] era uma burra. Os espíritos dos xamãs empreenderam a viagem. O velho montou em sua burra e entoou o seu canto: "*Kuvo'uitache! Kuvo'uitache! Kuvo'uitache!*... Bur-ra! Bur-ra! Bur-ra!". Eles caminharam durante muito tempo.

A certa altura, a burra enfiou uma pata na terra mole, onde havia grãos de abóbora. A burra se deteve. O velho xamã mostrou aos seus companheiros: "A burra acaba de parar! Deve ter alguma coisa aqui!". Observaram atentamente e descobriram uma quantidade enorme de abóboras cozidas: começaram a comê-las. Quando terminaram de comer tudo, o velho declarou: "Está bem! Agora podemos continuar nossa viagem".

Voltaram a caminhar, sempre ao ritmo do mesmo canto: "*Kuvo'uitache!* Burur-ra! Bur-ra! Bur-ra!...". De repente, a orelha do animal se mexeu: "Chchuuuk!", disse o velho. Nesse instante, lembrou-se de que bem perto dali havia uma colmeia que uma vez ele tinha tapado para que as abelhas voltassem a fazer mel.

Para fazer com que a burra chegasse ao local, os xamãs abriram um caminho no meio da floresta. Quando chegaram perto da

---

abandona o corpo. O papel do feiticeiro consiste em enviar seu próprio espírito em busca do espírito do doente, que se cura quando seu corpo e sua alma se reúnem novamente.

[171] Um xamã sempre é auxiliado por um animal, geralmente pássaros ou serpentes, e nunca uma burra!

colmeia, eles colocaram a burra com o traseiro contra a árvore e, com o rabo, ela começou a retirar o mel. O velho dizia: "Chupem o mel! Chupem todo o mel que há nas crinas do rabo! Vamos retirar ainda mais mel dessa colmeia". O animal repetiu a operação e extraiu muito mais mel: "Vamos, vamos!", dizia o velho. "Comam todo o mel, homens com narizes idênticos! Vocês querem mais ou já estão satisfeitos?" Os outros xamãs não tinham mais fome: "Muito bem! Vamos continuar então!".

Retomaram a viagem, sempre cantando: "Bur-ra! Bur-ra! Bur-ra!". Prosseguiram durante algum tempo. De repente, o velho gritou: "Chchuuuk! Tem alguma coisa aí na frente! O que será? Deve ser um *ts'ich'e*, um espírito maligno!". Eles se aproximaram e o velho confirmou: "Oh! É um ser muito rápido! Não podemos alcançá-lo!". Contudo, era apenas uma tartaruga. "Vou ficar no meio para apanhá-la", disse ele, "pois eu sou mais velho e mais experiente do que vocês." Ele dispôs os outros xamãs em círculo e, quando fez um sinal, todos juntos atacaram a tartaruga: "Bur-urra! Bur-ra! Bur-ra!". Mas o animal nem se mexeu, pois era uma tartaruga. Eles a imobilizaram. O velho exclamou: "Como é bonita! Que belo desenho! Será meu animal doméstico". Ele a pegou e eles partiram, sempre cantando: "Bur-urra!...".

Mas logo depois, "Chchuuuk!", eles pararam. "A burra não anda mais! Tem alguma coisa aí na frente." Eles olharam e viram um cangambá: "Esse será nosso cachorro", decidiu o velho. "Ele é muito bonito, é um cão selvagem." Cercaram-no e o velho se colocou no centro, dizendo: "Eu sou mais velho e hábil do que você!". E, cantando "Bur-ra! Bur-ra! Bur-ra!", atacaram-no. Mas o cangambá entrou em sua toca. "Ele entrou ali! Vou tentar tirá-lo." O velho feiticeiro introduziu sua mão na abertura, debruçou-se o quanto pôde e o cangambá urinou em seu rosto: "Miaaaa!", gritava ele, que quase desmaiou de tão fedido que era aquilo. Os outros xamãs se dispersaram, desesperados, gritando: "Que fedor! Isso cheira muito mal!".

Eles seguiram viagem, cantando em coro, e logo sentiram vontade de fumar. A orelha da burra se mexeu e ela se deteve novamente: "Agora vamos fumar um pouco", decidiu o velho. Ele levava numa bolsinha todos os utensílios para fumar; procurou o cachimbo e o tabaco: "Ah, não acredito que eu esqueci o meu cachimbo!". Procurou por toda parte, mas não encontrou nada. "Não se movam!", ordenou aos outros. "Vou rapidamente buscar meu cachimbo e meu tabaco." E partiu, continuando a cantar: "Bur-ra! Bur-ra! Bur-ra...!". Ao final do canto, ele já estava de volta: "Aqui estou". "Já voltou. Agora podemos fumar um pouco." Começaram a fumar.

Depois de fumarem bastante, retomaram a viagem, sempre cantando. De repente, a orelha do animal se mexeu e o velho alertou seus companheiros: "Chchuuuuk! Parece que há uma dança lá na frente!". De fato, ouvia-se um barulho de tambor. Os xamãs chegaram ao lugar da festa e começaram a dançar. Cada um deles se juntou a um par de dançarinos. Dançaram durante algum tempo e depois combinaram com as mulheres de ir dar uma volta com elas. Eles deixaram o lugar das danças e fizeram amor com as mulheres. O velho chefe também copulou com elas. Mas, assim que ele terminou, desmaiou, pois era muito velho. "Eish! Eish! Eish!" Ele ofegava cada vez mais forte e, quando se esforçou ao máximo, caiu desfalecido. Passado um momento, recuperou os sentidos: "Eish! Eish! Eish!", fazia ele, já muito mais calmo. Foi se recuperando pouco a pouco e depois reuniu seus companheiros e lhes perguntou: "E então? Vocês também se aliviaram?". "Ah, sim! Agora estamos livres. Podemos partir, e muito mais leves!"

Entoando o canto, retomaram a caminhada. Depois de algum tempo, o caminho se tornou muito estreito: "Vamos limpar esse caminho para que não entrem espinhos na pata da burra". Havia muitos cactos. Fizeram a limpeza e chegaram ao lugar em que o caminho se alargava novamente. Continuavam cantando: "Bur-ra! Bur-ra! Bur-ra!". Um movimento da orelha do animal os fez parar: "Há alguma coisa aí na frente! Vamos ver o que é". Avançaram e o velho xamã viu que eram seus espíritos-assistentes. Ele já os tinha avisado sobre o que estava procurando. Aproximou-se deles e eles lhe disseram:

— Foi *Faiho'ai*, o espírito do carvão, que capturou a alma do seu bisneto. *Op'etsukfai*, o espírito do cacto, ajudou-o também.

— Sim! Sim! Perfeito! É isso! Conheço muito bem esses espíritos.

Havia outros espíritos, mas ele não os conhecia. Informado de tudo isso por seus espíritos-assistentes, o velho xamã agora sabia onde estava seu bisneto: em um celeiro.[172]

Montado em sua burra, ele seguiu adiante, cantando, e chegou ao lugar indicado. Mas lá, ficou preso nos galhos espinhosos do celeiro. Sentiu medo e pediu ajuda aos outros xamãs. Ao ver que eles permaneciam indiferentes, começou a gritar. Então seus companheiros vieram ajudá-lo, e ele pôde assim recuperar o espírito do doente. Levou-o consigo e o reintroduziu no corpo da criança. Então sua neta se levantou, pegou seu filho curado e partiu.

Esse velho xamã tinha outras netas. Elas adoravam ir colher frutos de algaroba. Na manhã seguinte, bem cedo, elas vieram vê-lo:

— Nosso avô já se levantou?
— Ah, sim! Faz tempo que estou acordado!
— Então, vamos!

Ele foi procurar algaroba negra com uma de suas netas, que ainda era solteira. Levou-a a um lugar em que havia muitas árvores, e a jovem começou a apanhar os frutos. Ele, por sua vez, sentou-se para fumar. Mas, pouco a pouco, foi lhe dando vontade de fazer algo com sua neta, pois a sessão da véspera o havia deixado excitado. Começou a pensar então numa forma de derrubar a neta.

Pegou um espinho de algaroba e o enfiou na planta do pé. Depois, fingiu tentar retirá-lo. Gemia, queixando-se:

— Ei! Ei! Ei!
— Oh, meu pobre avô! O que está acontecendo com você?
— Uma desgraça! Estou com um espinho no pé! E parece que ele vai atingir o meu coração!

A jovem, comovida, aproximou-se, e o avô lhe disse: "Tire seu cinto, para enfaixar minha ferida! Não aguento mais!". Ela fez como ele lhe pediu e depois o avô a fez sentar-se: "Levante um pouco sua saia, para que eu possa apoiar meu pé em suas coxas. Ei! Ei! Aia!". O velho gemia de maneira assustadora, sofrendo

---

[172] Cabana feita de galhos onde a colheita é armazenada.

muito: "Deixe-me colocar meu pé sobre suas coxas! Ei! Ei! Ei! Como estou sofrendo. Não aguento mais! Abra um pouco suas pernas! Aia! Aia!". E a jovem, compassiva, obedecia. O velho estava muito excitado, pois agora ela estava toda nua: "Hum! Que lindas pernas tem minha neta! Você não pode colocar meu pé um pouco mais para cima?".

Então, ele se jogou sobre ela, exclamando:

— Ah, ah! Agora vamos esquecer seu futuro marido!

— Aah! Meu avô! — disse a jovem, recusando-o.

— Eu não sou seu avô!

— Avô, eu vou contar tudo!

— Está bem! Eu também vou contar tudo!

Ele a derrubou e introduziu nela seu pênis. Uma vez sobre ela, ele exclamou: "Tsu! Está vendo! Você está aproveitando os meus restos! São realmente os últimos!".

Depois eles voltaram para a aldeia. Ela não contou nada, de tanta vergonha que tinha.

O velho xamã tinha uma outra neta, igualmente solteira. E ele queria se aproveitar dela também. Convidou-a então para ir buscar frutos de algaroba e, quando estavam lá, repetiu a mesma farsa do espinho. Mas, dessa vez, ele se apressou, mostrou o espinho à sua neta e, sem demora, derrubou-a e deitou-se sobre ela. Começou a penetrá-la. Porém, a jovem teve um sobressalto violento e o pênis do velho foi parar em um tufo de palha. Uma das hastes acabou se enfiando bem no interior do pênis, ferindo-o um pouco: "Aia! Minha neta picou meu nariz!".[173] Ele se atirou novamente sobre ela e eles lutaram no chão. No momento favorável, o avô tomou impulso, mas errou seu alvo. Com esforço, arrancou todo o tufo de palha de seu pênis e começou a sangrar, ensanguentando o ventre de sua neta.

A neta, que estava embaixo do avô, com grande esforço conseguiu se livrar. Ela o agarrou pelos cabelos, arrastou-o até um cacto e esfregou seu rosto contra os espinhos. O velho implorava:

— Tenha piedade do seu avô!

---

[173] Seria grosseiro designar o pênis pelo seu nome correto (*hlasö*), por isso se diz "nariz".

— Eu não quero mais saber do meu avô!
— Você vai perder seu avô!
— Pouco me importa!

E ela continuava a enfiar o rosto dele no cacto. Em seguida, ela o pegou novamente pelos cabelos e o arrastou até um arbusto de caraguatá. O velho aguentou durante um tempo, depois tentou se levantar, mas ela o impediu. Os espinhos do caraguatá lhe arranhavam o ventre, os testículos e o pênis: "Meus testículos! Meus testículos vão se despedaçar!", berrava o avô. *Crr! Crr!*, faziam os espinhos à medida que os rasgavam. Por fim, a jovem o abandonou sobre a moita de caraguatá. A cabeça do velho já estava toda inchada pelos espinhos que tinham se enfiado nela. A jovem apanhou a bolsa, voltou para casa e revelou à sua avó o que o avô tinha tentado fazer. Ele, que já não via quase nada devido aos espinhos que lhe enchiam os olhos, voltou à sua casa tateando e se arrastando.

Lá, sua mulher retirou a saia para dar com toda a força no rosto do marido: "Venha tocar um pouco no que eu tenho aqui!", gritava ela. E, pegando na mão dele, obrigou-o a tocar seu *hlasu*, sua vagina. Ela se enfureceu:

— Claro, você gosta da coisa das outras! Mas o que te pertence, você não quer!
— Eu não quero seu *hlasu*! Está muito velho! E ninguém tem vontade de usar as coisas velhas![174]

M71. Os guerreiros cegos

Uma vez muitos guerreiros partiram juntos numa expedição. Depois de vários dias de caminhada, pararam para dormir. O chefe disse: "Esta noite, meus filhos, vamos dormir aqui e amanhã seguiremos nosso caminho".

---

[174] [Pierre Clastres analisou esse mito (assim como o M46) em "De que riem os índios?" (1974), em *A sociedade contra o Estado*, *op. cit.*]

Durante a noite, o pássaro *vuot-vuot*[175] começou a cantar. E todos os guerreiros caíram na gargalhada, porque ele cantava muito mal. Vuot-vuot zangou-se ao ver que caçoavam dele daquela forma. Ele se pôs novamente a cantar, e os homens recomeçaram a rir: "Como canta mal esse homem!". Dentre eles, um homem ria menos do que os outros. No dia seguinte, quando eles se levantaram, perceberam que todos estavam cegos: era a vingança do pássaro. "Estou cego!" "Eu também!" "E eu também!", gritavam eles. O que tinha rido menos do que os outros ainda enxergava um pouco, e disse: "Não estou completamente cego! Sou o único que ainda pode ver alguma coisa". "Então, você será nosso guia!" E ele passou a conduzir os outros guerreiros.

Todos eles se deram as mãos, formando uma longa fila. Chegaram a um bosque; o homem que podia ver um pouco chamou um enxame de abelhas: "Abelhas, onde vocês estão?". Uma abelha que estava por perto respondeu:

— Estou aqui! Mas tenho muito pouco mel! Apenas o suficiente para os meus filhos.

— Então não é o bastante para a gente! Vamos seguir adiante.

— Sim! Sim! Vamos seguir adiante! Vamos seguir adiante! — gritavam em coro os demais.

Continuaram a caminhar e chegaram a um outro lugar, onde o guia novamente chamou:

— Abelha, onde você está?

— Aqui, e tenho muito mel.

— Que bom! Então, é o seu mel que vamos comer.

— Sim! Sim! Isso mesmo, vamos comer! Vamos comer! — exclamavam em coro os cegos.

O homem que enxergava um pouco alargou a abertura da colmeia, que ficava dentro da árvore, para extrair o mel; e todos começaram a comer. Mas, como ainda sobrava muito mel, eles o esfregaram em seus corpos e começaram a se empurrar e a se bater:

---

[175] Pássaro não identificado.

— Por que você me lambuzou de mel?
— E você, por que também me lambuzou?

E continuaram a bater uns nos outros. O homem que enxergava um pouco os aconselhou a não se baterem mais, e a comerem bastante. Ainda havia muito mel, mas os homens estavam com sede: começaram então a procurar água. O guia resolveu chamar uma lagoa:

— Lagoa, onde você está?
— Estou aqui! Mas tenho pouquíssima água! E pouquíssimas enguias também.
— Nesse caso, vamos seguir adiante.
— Sim! Sim! Vamos seguir adiante! — repetiam juntos os cegos.

Eles voltaram a caminhar e, depois de algum tempo, o guia chamou novamente:

— Lagoa, onde você está?
— Estou aqui! — respondeu uma lagoa muito grande. Tenho muita água e muitas enguias também!
— Então, é da sua água que vamos beber!
— Sim! Sim! Isso mesmo! É isso! Vamos beber! Vamos beber! — gritavam os outros.

Eles entraram na água e saciaram sua sede. Em seguida, começaram a pescar enguias com a mão. Tinham deixado suas bolsas na margem. Quando um homem apanhava uma enguia, ordenava à sua bolsa que se abrisse: a bolsa se abria e ele jogava a enguia lá dentro. Quando a bolsa estava cheia, seu dono a mandava se esvaziar: ela se esvaziava e o homem a enchia novamente. Depois de esvaziarem as bolsas duas vezes, os homens saíram da água e aquele que enxergava um pouco acendeu uma grande fogueira, onde eles começaram a assar as enguias. Logo chegou o pássaro Foh-foh,[176] que se divertia muito ao ver todos aqueles homens cegos comendo enguias. Ele desceu da árvore em que estava pousado, pegou uma enguia e a sacudiu sobre os homens, espirrando

---

[176] Foh-foh (em guarani *kavure'i*): *Glaucidium brasilianum*.
[Pequena coruja, conhecida no Brasil como caburé. (N. do T.)]

gotas de gordura quente neles. Os homens se irritaram: "Por que você me queimou?". "E você, por que você me queimou?" E começaram a se empurrar e a brigar novamente. Foh-foh voltou para o topo da árvore e quase caiu na gargalhada, mas conteve-se para que eles não soubessem que tinha sido ele.

Foh-Foh voou e encontrou o pássaro Iunutah, a quem ele contou o que tinha acontecido: "Tem alguns homens ali adiante! Eu os queimei e eles começaram a se bater! Foi muito engraçado! Tive muita vontade de rir, mas me contive".

— Quero vê-los também!

— Não, não! Não vá. Não se pode rir, e você ri por qualquer coisa!

Mas Iunutah insistia: "Não! Não! Eu quero ir! Se eu tiver um ataque de riso, vou embora na mesma hora e guardarei a risada para quando estiver longe deles".

Foh-foh acabou concordando e o levou até o lugar onde estavam os guerreiros. Lá, ele voltou a fazer suas artimanhas, queimou novamente os homens, que recomeçaram a brigar. Iunutah não conseguiu resistir e fugiu para muito longe para poder rir à vontade. Mas os cegos perceberam que alguém estava rindo: "De onde vem esse riso?", perguntaram eles. Um deles pegou seu *itoicha*[177] e o lançou na direção do riso. A relva da pradaria onde estava Iunutah pegou fogo. Ele tinha se escondido em um buraco, mas suas pernas ficaram para fora e se queimaram.

E, desde então, as patas do pássaro Iunutah são vermelhas.[178]

---

[177] Dispositivo para fazer fogo.

[178] [Esse mito foi publicado como anexo a "Infortúnio do guerreiro selvagem" (1980) [capítulo de *Arqueologia da violência*], com um comentário do qual extraímos a seguinte passagem: "Esse mito vale sobretudo por seu humor, por sua evidente *intenção de derrisão*. Quem o mito ridiculariza? Os guerreiros, inválidos, grotescos, mais vulneráveis e desamparados do que um recém-nascido. Trata-se precisamente do retrato inverso do guerreiro real, homem confiante, temerário, poderoso e respeitado pela tribo. Isto é, o mi-

M72. O cachorro

Um dia uma pequena aldeia chulupi foi atacada pelos Toba, que começaram a massacrar todos os que ali viviam. Um cachorro escapou e chegou a uma outra aldeia, que ficava próxima ao rio. Estava exausto e sua língua enorme pendia para fora da boca. Parecia que estava rindo. Uma mulher o viu e disse: "Chegou um cão não sei de onde, está muito cansado". "Precisamos lhe dar água", ordenou um homem. Então, deram-lhe água, depois peixe, e um homem disse: "Ah, se ele soubesse falar e pudesse nos contar o que aconteceu, seria ótimo!". O cão levantou a cabeça e o olhou. "Vamos deixá-lo comer o peixe. Depois veremos se ele tem alguma coisa a nos dizer. Que bom seria se ele falasse!" Quando o cachorro terminou de comer, o homem lhe disse: "Cachorro, responda-me! Por que você está tão cansado? Explique-me de onde você está vindo e me diga o que está acontecendo!". Então o cachorro respondeu: "Estou muito cansado! Os Toba atacaram a aldeia onde eu vivia. Temos de atacá-los de volta, pois eles ainda não foram embora". O homem correu para avisar os *kaanokle*. O cachorro falou novamente: "Apressemo-nos! Os Toba ainda estão lá!".

Todos os homens partiram a cavalo. Pararam em um lugar para escutar, mas não ouviram nada. Seguiram até um local perto da aldeia e pararam de novo para escutar: dessa vez, ouviram o barulho dos Toba. Naquele momento, uma mulher surgiu da floresta. Os homens lhe perguntaram se ainda havia guerreiros combatendo: ela não sabia, pois tinha conseguido fugir a tempo. Apro-

---

to inverte a realidade, o pensamento indígena realiza mitologicamente aquilo que ninguém pensaria em fazer realmente: zombar dos guerreiros, torná-los ridículos. Esse mito zombeteiro exprime por meio do seu humor a *distância* que uma sociedade guerreira mantém com seus guerreiros. E o que vem preencher essa distância é precisamente o riso, esse mesmo riso que no mito é a origem do infortúnio dos guerreiros. Mas a sociedade não ri realmente do guerreiro (na realidade, ela o faz morrer), ri dele apenas no mito: vai que o riso real se volta contra ela própria?" (*Arqueologia da violência*, São Paulo, Cosac Naify, 2004, pp. 315-6, tradução ligeiramente modificada).]

ximaram-se e viram os Toba prestes a liquidar os últimos Chulupi. Eles se juntaram aos sobreviventes e os *kaanokle* se lançaram ao combate. O chefe Chulupi se chamava Tsilokoai, era um grande guerreiro e coordenava o ataque. Ele corria entre os inimigos, passando por eles como uma serpente e furando-os com a lança. Os Toba fugiram, e os Chulupi se reagruparam. Um homem da aldeia atacada perguntou aos outros: "Como vocês souberam que tínhamos sido atacados?". "Pelo cachorro que veio até a nossa aldeia e nos alertou."

Antigamente, os cães falavam, e quando não falavam faziam sinais. Os Chulupi escalpelaram os inimigos e voltaram para aldeia. Desde essa época, os Chulupi criam cães.[179]

M73. Origem da guerra

Antigamente, os Chulupi e os Toba formavam uma única tribo. Mas os jovens nunca querem ser iguais, um sempre quer ser mais forte do que o outro. Tudo começou quando nasceu a hostilidade entre dois jovens. Eles viviam juntos, comiam juntos seus peixes, juntos iam fazer suas colheitas. Uma vez, foram se banhar no Pilcomayo e ficaram brincando de luta.[180] Um deles bateu no outro com uma força exagerada, o que recebeu o golpe se vingou: bateu na cabeça do seu adversário com um pedaço de madeira, ferindo-o na testa. O outro fez a mesma coisa. Isso foi na época em que os Toba e os Chulupi eram uma mesma tribo: falavam a mesma língua e havia entre eles apenas pequenas diferenças.

Os irmãos e os companheiros de ambos os jovens se reuniram em torno deles e cada um foi chamar seu pai. O Toba disse que o

---

[179] Como todos os índios do Chaco, os Chulupi criam muitos cães, que permanecem inacreditavelmente magros durante quase todo o ano, à exceção do inverno, quando comem muito peixe.

[180] A luta é um dos esportes favoritos dos Chulupi. É um jogo mais de agilidade do que de força, que consiste em jogar o adversário no chão.

outro tinha começado, no entanto, foi ele quem começou! Antes disso, nunca tinha havido desentendimento entre os índios. Naquele tempo, os Mataco eram os únicos inimigos dos Chulupi. Quanto aos Toba, seus únicos inimigos eram o "Povo do Papagaio", os Choroti.[181]

Depois desses acontecimentos, organizou-se uma festa, uma grande bebedeira de mel fermentado. Durante a festa, o pai do Toba se levanta e declara: "Não paro de pensar no meu filho que foi ferido!".[182] E assim que disse isso, começou a flechar os parentes e amigos do adversário do seu filho. Um guerreiro Chulupi também se levantou e crivou de flechas muitos Toba, que estavam cantando, de pé, acompanhados do som de seus chocalhos. Começou então um combate entre todos os homens, que estavam bêbados. E os dois jovens eram o motivo de tudo aquilo. A luta se estendeu também às mulheres, que começaram a combater ao lado de seus maridos. Os combatentes não conseguiam parar, pois de ambos os lados a luta estava acirrada. Depois de um tempo, detiveram-se, negociaram e decidiram se encontrar novamente no dia seguinte, para continuar a luta.

No dia seguinte, ao amanhecer, tudo estava pronto. Os cavaleiros se provocavam. Vestidos somente com uma pequena saia de fibras de caraguatá, estavam armados de seus arcos e flechas de guerra com pontas sem dentes. Os dois grupos eram muito numerosos. Os Chulupi começaram a se sobressair. Os mortos eram muitos, porém menos do lado dos Chulupi, que eram mais ágeis para se esquivar das flechas. Os Toba fugiram, abandonando muitos dos seus, entre eles crianças, recém-nascidos. As mulheres Chulupi os amamentaram, pois as mães de muitas daquelas crianças tinham sido mortas no combate. Entre os prisioneiros, também

---

[181] Os Mataco vivem na margem direita do alto Pilcomayo; os Choroti, na margem esquerda. Eles constituem com os Chulupi um único grupo linguístico.

[182] De fato, as festas com muita bebida alcoólica costumam ser ocasião para brigas. Bêbados, os homens manifestam seus ressentimentos, guardados muitas vezes por meses. É por isso que, quando acontece uma festa, as mulheres colocam as armas fora do alcance dos homens.

havia mulheres. Os homens se dedicaram o dia inteiro a escalpelar os guerreiros Toba mortos.

Esses acontecimentos se deram logo após o surgimento da noite. Na época do dia eterno, os Chulupi e os Toba viviam juntos.[183]

---

[183] Essa guerra entre os Toba e os Chulupi acabou em algum momento entre 1945 e 1950.

[Narrativa publicada como anexo ao capítulo "Infortúnio do guerreiro selvagem", com o seguinte comentário: "Esse mito requer algumas breves considerações. Ele pensa *ao mesmo tempo* a origem da guerra e o nascimento da sociedade. Com efeito, antes da guerra, a ordem das coisas, humanas e cósmicas, ainda não estava estabelecida: era o tempo pré-humano do dia eterno, que ainda não ritma a sucessão do dia e da noite. A *ordem social*, como multiplicidade de diferenças, como pluralidade de tribos, ainda está por nascer: os Chulupi e os Toba não se diferenciam uns dos outros. Em outros termos, o pensamento selvagem, em sua expressão mitológica, pensa conjuntamente o surgimento da sociedade e o surgimento da guerra, pensa a guerra como consubstancial à sociedade, a guerra pertencendo à ordem social primitiva. O discurso indígena valida aqui a reflexão antropológica.

Além disso, constata-se de saída que o mito atribui aos jovens a responsabilidade pelo início da guerra. Os jovens não gostam da igualdade, querem hierarquia entre si, querem a glória, e é por isso que são violentos, utilizam a força, entregam-se a sua paixão pelo prestígio. O mito diz claramente que os jovens são feitos para serem guerreiros, que a guerra é feita para os jovens. Não se poderia marcar melhor a afinidade entre atividade guerreira e a faixa etária" (*Arqueologia da violência, op. cit.*, p. 312, tradução ligeiramente modificada).]

C.
NARRATIVAS DE GUERRA

I.
GUERRA CHULUPI-TOBA

Captura e morte de Kalali'in[184]

Um dia os Chulupi decidiram se vingar dos Toba, pois um de seus chefes vinha toda noite à aldeia matar os Chulupi enquanto eles dormiam. Era o famoso Kalali'in, que imitava o grito da coruja e da raposa.

Os Chulupi prepararam uma armadilha para ele: amarraram um cavalo a uma certa distância da aldeia para atraí-lo, e colocaram sentinelas escondidos. Eles pediram ajuda a um homem que tinha uma visão excelente, pois, quando nasceu, seus pais pingaram em seus olhos o líquido dos olhos da coruja e também do quero-quero. Então, à noite, um pequeno grupo foi esperar Kalali'in. Ao longe, ouviram que ele se aproximava imitando o grito da coruja jacurutu, *ukululu iii*. "Aproxime-se um pouco mais que você vai ter o que merece!", murmurou um Chulupi. Kalali'in tinha uma cabaça que utilizava para imitar o grito da coruja. Ele queria roubar o cavalo, então se aproximou um pouco mais, imitando a raposa. O cavalo já tinha detectado a presença do Toba. O homem com boa visão constatou: "Ele está chegando!". Os outros não viam absolutamente nada. Kalali'in vinha com mais quatro guerreiros. O homem com boa visão os avistou e avisou aos seus companheiros. Eles decidiram não atacar os guerreiros, mas apenas o chefe.

---

[184] Célebre chefe Toba, conhecido por seus feitos guerreiros.
[Essa narrativa e as que se seguem relatam fatos ocorridos por volta dos anos 1930.]

Este tinha uma corda amarrada à cintura e uma cabaça pendurada no pescoço. Vestia uma pele de veado e, por baixo, um *jica* (saco de pele), para guardar os escalpos.

— Ele está bem perto, podemos atacá-lo — disse o homem com boa visão. — Vocês conseguem vê-lo?

— Não!

Eles atacaram e o cercaram:

— Você é Kalali'in?

— Hum... Sim, sou eu!

— Apressem-se, é ele!

Mas ele fugiu em direção a uma lagoa e se escondeu em um arbusto. Os outros quatro Toba escaparam. "Venham! Vamos procurar a capivara que se escondeu ali!" Eles tatearam com a lança e com os pés até o encontrarem. "Aqui está a capivara!" Eles o cutucaram e perceberam que seu *jica* e sua corda estavam encharcados e duros devido ao orvalho. Eles o tiraram do seu esconderijo.

— Então é você Kalali'in?

— Sim, sou eu. Irei com vocês.

— Vamos! Há muitas pessoas lá.

— Sim, vamos, vamos nos divertir. Quem sabe eu até encontre uma mulher.

— Sim, eu vou encontrar uma mulher pra você.

Eles tiraram as roupas de Kalali'in e cortaram sua corda, ataram suas mãos atrás das costas e o levaram assim, amarrado. Ele andava na frente e os Chulupi atrás, segurando a corda. Quando chegaram à aldeia, pediram às mulheres para acenderem grandes fogueiras ao redor do pátio. Avisaram todos que Kalali'in era agora prisioneiro. Então chamaram para dançar todas as mulheres cujos maridos foram mortos por ele. Eram muitas. Elas tiraram suas saias e ficaram nuas na frente dele, para que ele escolhesse a mulher que desejasse. Ele ia morrer e havia pedido aquilo. O homem com boa visão, que era o chefe, ordenou que começassem a dança. O Toba também dançava entre as mulheres. Muitas delas o arranhavam levemente quando ele passava por elas, como se o acariciassem, para tirar sarro dele.

No meio da noite, um dos guerreiros falou:

— O que vamos fazer com ele? Vamos matá-lo ou escalpelá-lo vivo?

— Vamos escalpelá-lo vivo — respondeu um dos homens.

Eles o seguraram e um dos guerreiros o escalpelou. A pele de seu rosto se afrouxou e descolou ligeiramente. Eles o soltaram. Kalali'in não se queixou, não gritou, não disse palavra alguma, apenas correu um pouco e caiu. Homens e mulheres, jovens e velhos recomeçaram a dançar e dançaram até de manhã. Enquanto dançavam, as viúvas batiam em Kalali'in com golpes de borduna. Uma velha se aproximou e disse, tentando cortar o pênis dele: "Esse será para mim". Mas ela não conseguia. "É muito duro!" O Toba não se queixava e ela foi obrigada a desistir. A dança continuou durante todo o dia e os Chulupi não pararam de bater nele, mesmo depois de morto, deixando seu corpo em pedaços.

Desde então, eles puderam dormir tranquilos, pois Kalali'in era o único Toba que ousava entrar nas aldeias Chulupi durante a noite.

Muitos meses depois, os Toba vingaram a morte de seu chefe. Eles atacaram uma aldeia Chulupi, mataram muitas pessoas e raptaram muitas mulheres.

Tofai[185]

Tofai era um homem muito ativo. Antes de começar uma expedição guerreira, ele fazia alianças com os Maka (Tavohtlai) e com os Lengua (Ihlai). Depois de visitar os aliados, ele preparava o ataque. Todos os guerreiros se reuniam perto de sua casa e organizavam para o dia seguinte um treino de guerra. Uns iam a pé, outros, a cavalo. Tofai organizava o combate: "Um grupo de cavaleiros irá para o leste, outro para o oeste, e um outro irá para mais longe. Os guerreiros que estiverem a pé se posicionarão no centro". Os homens se exercitavam, atiravam flechas uns contra

---

[185] Chefe Chulupi morto em 1940, com cerca de 65 anos.

os outros e conseguiam ver quem tinha habilidade para se esquivar. Todos os guerreiros usavam seus ornamentos. Os mais corajosos usavam na testa um bico de tucano e um pedaço de pele de jaguar. Os homens que estavam a pé usavam ornamentos de penas na cintura. Os cavalos, campanas no dorso, penas vermelhas na cabeça e penas brancas no rabo.

Os cavaleiros se posicionaram nos flancos, escondidos sob as árvores e, quando o "inimigo" apareceu, os guerreiros avançaram pelo centro: a manobra era acompanhada por gritos de guerra. Os cavaleiros corriam em direção uns dos outros, atacando-se com golpes de lança e se esquivando. Os guerreiros a pé treinavam da mesma forma. Os homens eram muito ágeis, e os cavalos, muito enérgicos.

No final do exercício, Tofai decidiu que o ataque aconteceria no dia seguinte. Tudo estava preparado. Cada guerreiro levava dois feixes de vinte a trinta flechas amarrados na cintura, e as atirava conforme precisava. Alguns também tinham espingardas, trocadas por vacas com os Mataco. Os cavaleiros tinham arco e lança — uma das extremidades desta era afiada, a outra servia de borduna. O arco dos cavaleiros é menor do que o dos soldados da infantaria. Os arcos de guerra são menores do que os de caça. Todos os guerreiros usavam uma couraça, feita pelas mulheres com tecidos grossos de fibra de caraguatá, que cobre o torso inteiro e é amarrada às costas. À espera dos guerreiros, os jovens pescavam para que eles tivessem peixe para comer assim que retornassem à aldeia.

Eles voltaram quatro dias depois, trazendo dois escalpos dos Toba e sem terem perdido nenhum homem ou sofrido ferimento. O dono de um dos escalpos o ofereceu a seu irmão, que o recebeu com muita satisfação.

Aquele que possui um escalpo, ainda que não o tenha obtido com as próprias mãos, tem direito às mesmas honrarias e ao mesmo prestígio. As pessoas o chamam pelo mesmo termo: *kaanokle*, chefe.

Assim que os guerreiros retornaram, organizou-se a festa. Em um tronco de *samu'u* (*palo-borracho*) preparou-se uma grande quantidade de cerveja de algaroba, colhida previamente, e também de milho. Homens e mulheres dançaram dia e noite. Os guerreiros beberam cerveja, e os jovens dançaram.

Pouco tempo depois, ficamos sabendo que os Toba estavam organizando uma festa para os antigos escalpos.

Um dos guerreiros Chulupi decidiu ir à festa dos Toba.[186] Ele tinha um jumento manco, cujo casco era protegido por uma faixa de couro. Ele se aproximou da aldeia toba bem no momento em que os homens pintavam os rostos com carvão. Contentes com a possibilidade de matar um Chulupi e vingar seus mortos, os Toba tentaram agarrá-lo. Ele quis ver como seu jumento se comportaria na situação e deu meia-volta. Os Toba o seguiram, gritando e atirando uma enorme quantidade de flechas, que ele esquivava com sua lança. Todas essas manobras acabaram cansando o jumento e, antes que o Chulupi conseguisse se refugiar na floresta, uma lança o atingiu, cortando a pele de seus testículos e de seu pênis. Ele se levantou, sentou-se um pouco mais à frente no jumento, e sua lança caiu. Uma poça com todo o sangue perdido se formou debaixo dele. Ele se aproximou das árvores, jogou-se para debaixo do animal e rastejou sob os galhos. No entanto, os Toba já estavam em cima dele, prontos para escalpelá-lo. Ele lhes disse: "Vocês podem me matar agora, pouco me importa, pois já matei muitos dos seus". "É exatamente por isso que vou escalpelá-lo." Então um Toba o escalpelou: "Que venham agora os seus!", e eles o mataram. Levaram-no caminho afora, gritando: "Seus companheiros o encontrarão aqui". E o abandonaram para que os urubus o comessem. Eles esperaram um pouco, para ver se outros Chulupi viriam, depois foram embora.

De repente, um urubu desceu a uma velocidade impressionante, e foi seguido por outros. Os Chulupi os avistaram e um deles foi verificar o que estava acontecendo. Ao notar os rastros dos cavalos pelo caminho, avançou com desconfiança. Quando se

---

[186] [Temos aí um exemplo da busca por grandes feitos à qual a sociedade Chulupi encoraja seus guerreiros, segundo uma "lógica da glória", cujo ápice é "a morte, glória absoluta". Remetemos o leitor à análise que Pierre Clastres faz do estatuto do guerreiro (*kaanokle*) e de seu destino em "Infortúnio do guerreiro selvagem" (1980).]

aproximou, os urubus voaram. Aproximou-se um pouco mais e viu algo que se parecia com um corpo humano. Ele deu meia-volta e saiu correndo, gritando: "Hum! Hum!", sinal de má notícia. Na aldeia, assim que ele contou o que tinha visto, os homens se prepararam para ir ver quem era o morto. Eles o choraram e o levaram para enterrá-lo.

Os Toba fizeram uma festa para o escalpo do Chulupi. Os Chulupi, por sua vez, preparavam a sua vingança, aguardando o momento em que os Toba estariam bêbados para matar todos eles. Foram então pescar nas proximidades da aldeia toba, de onde podiam ouvir o barulho da festa. De manhã cedo, eles atacaram, e começaram a matar os homens: foi um massacre. Eles arrancaram muitos escalpos, entre eles o de um chefe com uma longa cabeleira. No fim da tarde, eles já estavam de volta: as mulheres e meninas vieram ao seu encontro, nuas, e organizaram uma festa, que durou a noite toda. No dia seguinte, os convidados que tinham vindo das aldeias vizinhas foram embora. Os que tinham vindo de longe ficaram mais três dias (muitas aldeias haviam se aliado para realizar esse ataque).

Os *kaanokle* foram nomeados. O novo guerreiro se afasta da aldeia, sem armas. Ele usa todos os seus ornamentos de cabeça, seu cinturão, suas pinturas de guerra vermelhas e negras. Duas jovens nuas o esperam e guiam seu cavalo até o local onde vai acontecer a bebedeira e onde os outros homens já estão reunidos. Todos se sentam. O novo *kaanokle* é servido primeiro, logo em seguida ele convida os outros a beberem.

Um pouco depois, os escalpos são celebrados. Uma chicha de algaroba e de milho é preparada. No local onde os homens bebem, ergue-se um mastro onde os escalpos são pendurados e do qual os jovens não podem se aproximar. Somente os homens casados podem beber.

II.
COMBATES CONTRA OS ARGENTINOS E OS BOLIVIANOS[187]

Ataque a uma guarnição boliviana

Por volta de 1930, os bolivianos começaram a atacar as aldeias dos Chulupi, a roubar suas vacas e cavalos. Dois tios de Tanu'uh[188] foram mortos. Como os roubos continuavam, os Chulupi decidiram agir: eles não permitiriam que os bolivianos fizessem o que bem entendessem com eles.

Os bolivianos atacaram novamente uma aldeia. Os Chulupi se refugiaram mais longe na floresta: as mulheres queriam chorar os mortos, mas os homens pediram que se calassem. O chefe daquela aldeia era um *kaanokle* chamado Pênis de Jaguar. Ele enviou sentinelas para observar os bolivianos. Entre elas estava um velho chamado *Tsich'e*, Diabo: ele prendia o cabelo em cima da cabeça, e não atrás; e as balas não o atingiam.

Então os guerreiros partiram, eles eram muitos e alguns possuíam armas de fogo. Já distantes da aldeia, logo após terem atravessado uma lagoa, decidiram mandar os mais jovens de volta. Apenas um pequeno grupo de guerreiros chegou até o acampamento dos bolivianos no *Fortín Esteros*.[189] Eles se puseram a rastejar na grama, para poder observar. Os bolivianos estavam co-

---

[187] Os bolivianos são os *Tukus*, literalmente, "formigas"; os argentinos são os *Kafukihlai*, literalmente, "pessoas parecidas com urubus".

[188] [Um dos informantes de Pierre Clastres, também mencionado em "Infortúnio do guerreiro selvagem" (1980).]

[189] O Forte Esteros foi fundado pelo exército boliviano em 1912 na costa norte do rio Pilcomayo, e até o início da década de 1920 foi a sua base militar mais avançada no Chaco. (N. do T.)

mendo e suas espingardas, encostadas num suporte próximo: era uma boa oportunidade para atacar. Seguindo o Pênis de Jaguar, eles foram na direção das cozinhas, cercaram os bolivianos e atacaram todos juntos, com tiros de espingarda e de arco e flecha. Os bolivianos gritavam. Os Chulupi mataram quase todos (por volta de cinquenta, segundo o informante) e depois foram atacar o comandante em sua casa. Foram embora levando todas as armas. No caminho de volta, esperaram um pouco para terem certeza de que não estavam sendo seguidos, mas, como ninguém veio, voltaram para a aldeia.

Alguns dias mais tarde, eles retornaram para ver se os bolivianos haviam reocupado o local. Um homem subiu numa árvore e viu que um grupo de trinta soldados se aproximava. Os Chulupi armaram uma emboscada na floresta: quatro homens ficaram mais atrás para impedir a fuga dos soldados, enquanto os outros avançaram por cerca de quinhentos metros. Eles começaram a atirar antes mesmo que os bolivianos passassem: morreram sete, cinco conseguiram fugir com seus cavalos, mas foram mortos em seguida pelos quatro guerreiros que estavam na retaguarda.

Quando acabou a guarnição, os Chulupi abandonaram a aldeia e foram para a Laguna Escalante, chefiada por Tofai.

Um combate contra os argentinos, por volta de 1925

Tanu'uh e uma dezena de guerreiros se prepararam para atacar um forte argentino. No final de uma tarde, eles atravessaram o Pilcomayo a nado. O forte ficava perto da margem. Todos possuíam armas de fogo e arcos. Muitos jovens queriam acompanhá-los, mas foram impedidos, pois estimava-se que dez homens já era o bastante para exterminar os soldados.

Cinco guerreiros atravessaram o rio e os outros cinco ficaram para vigiar. Eles nadavam com uma mão, segurando as armas no alto com a outra. Como não aconteceu nada, os outros também atravessaram. Na beira do rio, estendidos sobre o chão, secavam os uniformes dos soldados, que tinham acabado de ser lavados. Eles os vestiram e começaram a rastejar na grama para se aproximar do forte. O tempo estava nublado, escuro. Aqueles que ficaram na aldeia estavam tristes por não poderem combater.

No forte, o cozinheiro ia e vinha servindo a refeição. Em um dado momento, os cachorros saíram e latiram. O cozinheiro ficou alerta e saiu com uma lanterna para ver o que estava acontecendo. Os Chulupi estavam bem próximos, mas ele não viu nada. Um dos guerreiros perguntou ao xamã, que os comandava: "O que você está esperando? Por que você não se prepara como uma cadela no cio? Como você vai fazer? Como quando bebemos e você me faz lamber seu traseiro?". Eles quase caíram na gargalhada, mas abafaram o riso com as mãos, a poucos metros dos soldados. O chefe, Oftih, aproximou-se um pouco mais, como sempre rastejando, e novamente os cachorros saíram. Oftih se levantou com sua máquina de cera: ele tinha modelado uma vagina de cadela, dentro da qual ele cuspia e depois mostrava aos cachorros, para excitá-los. Colocou-a sob o focinho dos cachorros e, em silêncio, conduziu todos eles para o outro lado do forte. Os guerreiros, impressionados ao ver o xamã conduzir os cachorros daquela forma, levantaram-se e aproximaram-se da entrada. Viram que o chefe dos soldados estava num cômodo, escrevendo, enquanto os outros jantavam. Um dos guerreiros permaneceu próximo à janela, a fim de matar o chefe primeiro, enquanto os outros foram se posicionar perto do refeitório. Com um só tiro, ele matou o chefe, que soltou um grito. Então abriram fogo sobre os soldados, que gritavam horrorizados. Os Chulupi entraram no refeitório e liquidaram os feridos com suas próprias baionetas. Somente o cozinheiro escapou: ele tinha se escondido na cozinha, atrás da lenha, e os guerreiros o esqueceram. Sem dúvida, foi ele quem emitiu o alerta mais tarde.

Eles se apossaram de tudo o que os soldados possuíam, depois quiseram pegar o escalpo do chefe, pois para eles os escalpos dos soldados não tinham valor. Mas não conseguiram entrar no quarto: a porta tinha uma maçaneta, e como nunca tinham visto uma, não souberam como abri-la. Também tiveram que desistir de colocar fogo no forte, porque as folhas de palmeiras do telhado estavam verdes e não queimavam. Contentaram-se em destruir tudo.

Levando tudo o que podiam, eles voltaram para a margem. Viram uma tina para lavar roupa e a usaram para atravessar o rio um por um, depois a soltaram na correnteza. Eles dormiram no caminho e, no dia seguinte, à tarde, estavam de volta à aldeia, sãos e salvos. Tão logo chegaram, todos arrumaram as coisas e se mudaram para mais longe na floresta: somente depois disso os homens dividiram o butim.

Outros soldados vieram substituir os que haviam sido mortos. Os Chulupi não podiam mais se aproximar da margem, pois os soldados atiravam imediatamente. Eles alteraram até mesmo o horário das refeições, para escaparem de um ataque surpresa. E, se passasse uma vaca ou um cachorro, os argentinos atiravam com metralhadora.

Os soldados argentinos tinham o costume de atirar nos Chulupi que iam pescar no Pilcomayo. Essa história é sobre uma das vinganças dos Chulupi.

D.
HOMENAGEM A ALFRED MÉTRAUX[190]

Os índios Chulupi vivem no Chaco paraguaio. Seu território se estende ao longo do rio Pilcomayo, fronteira entre o Paraguai e a Argentina. Eis o que me contaram no ano passado, quando eu vivia entre eles.

"Isso aconteceu há mais de trinta anos. Nós havíamos montado nosso acampamento na beira do rio para pescar. Na outra margem, em território argentino, havia um forte e uma tropa de soldados. Certa noite, vimos chegar, saindo do rio com as roupas completamente encharcadas, um soldado argentino, sozinho. Ele se aproximou lentamente do acampamento e se aconchegou próximo ao fogo, para se esquentar. Todos nós o olhávamos, não sabíamos o que ele queria. Depois de um tempo, ele nos explicou que no dia seguinte, de manhã cedo, os soldados atravessariam o rio para nos massacrar, e por isso devíamos fugir imediatamente para a floresta. Ficamos muito desconfiados, pois geralmente os soldados argentinos estavam mais preocupados em nos matar do que em nos proteger. O homem foi embora pouco depois, atravessando o rio a nado novamente. Por precaução, nós abandonamos o acampamento. E, no dia seguinte, os vigias que tinham ficado para trás viram as tropas chegarem, mas todo mundo já tinha ido embora. O soldado não tinha mentido, ele nos salvou. Nunca mais o vimos."

Desde essa época, os índios falam desse misterioso soldado, sem entender por que um de seus assassinos resolveu um dia lhes salvar.

---

[190] [Pierre Clastres escreveu esse texto de homenagem — que havia permanecido inédito — para um jornal, em março de 1967, por ocasião do quarto aniversário da morte de Métraux.]

Nos anos 1930, o Chaco era de fato uma espécie de *Far West*, ainda dominado pelas tribos indígenas. Os únicos representantes do mundo branco eram praticamente os militares, que travavam uma guerra selvagem de extermínio contra os índios. Por isso, todo homem branco que aparecia na região era, para os Chulupi, um soldado, ou seja, um inimigo mortal. Pode-se compreender então a surpresa dos índios: por que um "mellico"[191] iria querer ajudá-los? E, de fato, eles não estavam errados em se surpreender: o soldado argentino era Alfred Métraux, que estava realizando suas pesquisas com os índios Mataco e Toba no Chaco argentino. Ele estava acampando nas proximidades do forte e, um dia, ao ouvir as conversas dos soldados, ficou sabendo de suas terríveis intenções. Sem hesitar, Métraux decidiu alertar os índios. Como ele certamente estava vestido com roupas semelhantes às dos soldados, podemos entender o mal-entendido dos Chulupi.

O próprio Métraux, algumas semanas antes de sua morte, havia me contado sobre essa aventura. Foi na véspera da minha viagem à América do Sul, primeira missão de pesquisa com uma tribo indígena que eu devia, em grande medida, aos esforços de Métraux. Naquela noite ele estava mais descontraído, tanto por ver um de seus alunos partir para um campo que ele conhecia bem, como por antecipar uma viagem que ele próprio planejava fazer três meses depois. Essa situação fez com que ele abrisse mão de sua discrição habitual e me contasse esse episódio. E o acaso, ou alguma disposição mais secreta, me levou a reencontrar Métraux na memória dos índios, para além do tempo e do espaço.

Com Métraux desapareceu, já há quatro anos, um dos maiores especialistas da etnologia americanista. Como é notório, seu conhecimento era imenso, fruto tanto de suas numerosas leituras como de seu contato íntimo e prolongado com diversas tribos da América do Sul. Alfred Métraux era extremamente rigoroso e tinha um senso crítico muito aguçado. Preocupado em conservar a dignidade científica da etnologia, ele sempre foi firmemente hostil às empreitadas de amadores e constantemente afastou a imagina-

---

[191] "Mellico" é, provavelmente, o modo chulupi de pronunciar o termo espanhol "milico", forma pejorativa de se referir aos militares. (N. do T.)

ção do campo de suas pesquisas. Daí, talvez, a impressão de uma certa frieza em seus textos dedicados aos índios, assim como em seus cursos na École Pratique des Hautes Études. Métraux era um militante da objetividade, por assim dizer, e sua profunda modéstia contribuía para este fim. No entanto, seria injusto e errado ver em Métraux apenas o estudioso e querer defini-lo somente com base em sua obra, a qual, na verdade, diz pouco sobre ele. Pois nele, o rigor científico se complementava com o rigor ético de um homem cuja extrema sensibilidade ao Outro poderia levar ao completo esquecimento de si.

Para Métraux, os índios nunca foram apenas objetos de observação. Ao contrário, quando estava em campo, ele tentava reduzir essa distância irredutível que separa um branco de um índio. A fidelidade de sua amizade por eles pode ser medida pelo risco que ele aceitou correr: no episódio descrito acima, Métraux poderia ter morrido, devorado pelas piranhas que se proliferam no rio ou cravejado pelas flechas dos índios.

Alfred Métraux adorava evocar o que chamava de sua "nostalgia do neolítico", cuja ilustração ele acreditava encontrar precisamente nessas pequenas sociedades indígenas da floresta ou da savana: "Lá eu me senti extremamente à vontade e muito menos desnorteado do que em minha própria civilização... [Lá], o homem é infinitamente menos isolado do que no Ocidente". Métraux encontrava entre os índios uma dimensão de liberdade e de dignidade que ele procurava em vão em sua própria sociedade. Por meio do respeito e da admiração que ele sentia pela qualidade única das relações humanas no mundo indígena, Métraux se confrontava, em seu âmago, com uma certa falência de nossa civilização e com uma certa dificuldade em se manter nesse mundo. Sem dúvida, as coisas não se harmonizavam dentro dele diante da amargura que o afligia. Porém, sabemos que a mesma rigorosa exigência de generosidade de Métraux se manifestou tanto no maior risco que correu em sua vida, para livrar uma tribo de seu destino, como em seu último ato, ao tirar a própria vida.

E.
DOCUMENTOS ETNOGRÁFICOS

Organização espacial

L'itsaat, a aldeia, sempre fica perto de água: seja às margens de um rio (*tovok*), um pouco recuada, seja perto de uma lagoa grande e com muitos peixes. Além disso, ela sempre se localiza em terreno elevado, fora do alcance das inundações que, todo verão, ampliam desmesuradamente os limites do Pilcomayo. As aldeias têm tamanho variável, abrigando de cinquenta a várias centenas de pessoas. Três figuras ovaladas concêntricas caracterizam a sua configuração espacial: um pátio central, a *vatklähavat*, lugar onde ocorrem as danças e os jogos. Nas grandes aldeias, o pátio chega a ter 150 metros de comprimento por 100 metros de largura. Cuidadosamente capinado, ele é mantido sempre limpo pelas mulheres. Trata-se de um espaço coletivo e toda a aldeia é responsável por ele.

As casas se distribuem, sem nenhum alinhamento ou ordem aparente, em uma faixa de terra ao redor do pátio. Às vezes elas ficam quase justapostas, às vezes estão a dezenas de metros umas das outras; algumas se localizam bem rente ao pátio, outras ficam muito afastadas. Há vegetação entre as casas, que nos dias de ventania as protege minimamente da poeira. Por entre os arbustos, pequenos caminhos levam até as casas ou conduzem para fora da aldeia. Para ir de um ponto a outro da aldeia, situados um diante do outro, não se toma o caminho mais curto, que consiste em atravessar o pátio central sob o olhar convergente e interessado de centenas de pessoas, dá-se a volta.

As plantações (*vatkaujiyanjavat*, "lugar de sementes"), relativamente distantes do círculo das casas, constituem a terceira camada do espaço da aldeia. Cada casa tem uma saída voltada para trás, de onde parte um caminho que a conecta com as plantações. As roças, geralmente de tamanho modesto e malconservadas, marcam de maneira um pouco confusa a passagem do espaço humano para a floresta (*ita'a*).

As casas (*pawich*) têm tamanhos variáveis. As menores, que acomodam uma família nuclear, abrangem uma superfície oval de mais ou menos três metros por dois, e têm altura máxima de dois metros. Essas casas possuem apenas uma abertura.

As casas maiores (que encontramos em maior quantidade) possuem nove ou dez metros de comprimento, três de largura e dois de altura. Elas comportam de três a quatro famílias nucleares. Um sistema de quatro aberturas na direção dos quatro pontos cardeais garante a ventilação em seu interior. Na verdade, elas são apenas um prolongamento da casa individual, que se pode alargar à vontade de ambos os lados.

A casa é construída pelas mulheres. Troncos de arbustos ou galhos de árvores curvados para o interior são fincados na terra, seguindo um traçado oval. As ramificações de suas extremidades se entrecruzam compondo a estrutura da casa. São feitas duas ou mais aberturas e, por cima dessa espécie de concha ao contrário, colocam-se folhas de palmeira ou folhagens da campina. O termo "casa" não expressa a verdadeira natureza das moradas chulupi. Elas seriam mais como abrigos rudimentares que podem até proteger do sol ou do vento, mas não são de forma alguma impermeáveis à chuva. Peles de cervídeos são jogadas no chão para servirem de cama ou, eventualmente, de guarda-chuva.

O *pawich* chulupi serve, essencialmente, para abrigar os bens pessoais dos moradores da casa e, quando chove muito, os próprios Chulupi. A vida cotidiana não ocorre dentro das casas, mas fora. É por isso que se constrói, ao lado da casa, um teto anexo, o *hpiklivat*, de preferência voltado para o norte, sob o qual se faz a fogueira, preparam-se os alimentos, descansa-se etc. Esse espaço é ocupado pelas mulheres casadas. Normalmente, há apenas uma fogueira por casa, mesmo naquelas onde vivem várias famílias. Contudo, quando uma família é especialmente grande, ela constrói um abrigo à parte. Cada família nuclear possui, na casa alongada, seu próprio *ik'ovat*, ou espaço familiar.

Qual é a composição do grupo que vive em uma casa multifamiliar? Quem são os *akloiesha'ne* (aqueles que são muitos)? Como quase todos os outros índios do Chaco, os Chulupi são matrilocais: o homem vai viver na casa dos pais de sua mulher. Portanto, uma casa, em geral, é composta de um homem casado e sua mulher, suas filhas e filhos solteiros, suas filhas casadas e os maridos e filhos destas.

Os genros e suas esposas ficám um pouco afastados do chefe da família, em seu próprio *ik'ovat*.

Os solteiros, meninos e meninas, só dormem na casa quando chove; os meninos passam a noite em grupo, no pátio central, enquanto as meninas ficam nas cercanias da casa de uma delas, também em grupo. Os jovens ganham prestígio se não fazem fogo durante a noite, mesmo no frio, protegendo-se somente com uma coberta de lã ou de algodão, ou com uma pele de veado. De manhã, eles são os primeiros a entrar na água gelada do rio e dos lagos para pescar e debocham daquele que, incapaz de suportar o frio, dorme perto do fogo: "Homem das cinzas!".

A aldeia se subdivide em grupos de parentesco: os parentes de linha materna vivem sempre próximos, de modo que suas casas ocupam um espaço contínuo sobre o traçado oval da aldeia. Esses grupos se chamam *vanachifan* (os vizinhos), e geralmente se organizam em torno de um xamã. Eles desempenham funções esportivas na aldeia (lutas, corridas, jogos) e, na maioria das vezes, têm plantações em comum.

No entanto, é durante o inverno, entre abril e julho, que a distribuição em *vanachifan* se manifesta de maneira mais clara: a aldeia se esvazia para a estação de pesca e, com exceção das pessoas mais velhas, todos vão viver em acampamentos provisórios, dispersos ao longo do rio. Ora, são sempre os grupos de *vanachifan* que acampam e se deslocam juntos, e cada um possui seus locais de pesca.

É nessa mesma época, quando as Plêiades surgem a leste, que começa a coleta do mel. No fim de julho, as pessoas retornam à aldeia para preparar as plantações.

Denomina-se *hltachifas* os habitantes de uma mesma aldeia. Cada aldeia tem um nome: de uma particularidade geográfica, de uma planta que ali existe profusamente, de algum incidente que aconteceu com alguém etc. Mas somente os lugares são nomeados, os grupos enquanto tais não têm um nome distintivo, eles são todos Nivaclé.

Atividades sazonais

Os recursos alimentares dos Chulupi provêm da coleta, da caça, da pesca e da agricultura.

A colheita de plantas selvagens é uma atividade exclusivamente feminina. Ela ocorre durante quase o ano inteiro, mas no verão, de novembro a fevereiro, é mais frequente. Foi registrada, entre outras, a coleta de frutos de duas espécies de algaroba (*Prosopis alba* e *P. nigra*), de *chañar* (*Gourliea decorticans*) e de *mistol* (*Ziziphus mistol*). Em março, começa a colheita de *poroto del monte* (*Capparis retusa*), e em agosto são desenterradas as raízes de bromélia, sobretudo de caraguatá (alimento bastante pobre que, uma vez assado, é chamado de *op'ohlchei*) e as abóboras-cheirosas (*Cucurbita moschata*). Em setembro, a colheita é de melhor qualidade e mais variada: tunas, frutos venenosos da *sachasandia* (*Capparis salicifolia*), cozidos para extração do veneno, frutos de *tusca* (*Acacia moniliformis*), assim como um tubérculo, o *novok* ou mandioca do monte.

O mel, a segunda fonte alimentar mais importante, é coletado em grandes quantidades no Chaco. Os Chulupi conhecem cerca de quinze espécies de abelhas e a coleta cabe aos homens: ela acontece durante o inverno e começa quando as Plêiades surgem a leste (em meados de junho). Importante por sua função alimentar (eles o consomem misturado à água, como alimento, ou fermentado, como bebida alcoólica), o mel também tem um papel fundamental na vida sociocultural e na mitologia chulupi. Os Chulupi medem o valor individual dos jovens segundo sua capacidade de descobrir colmeias na floresta, e os pais Chulupi não cedem suas filhas a um mau coletor de mel.

Embora a agricultura desempenhe um papel secundário na economia da tribo, encontramos entre os Chulupi o mesmo universo de plantas usualmente cultivadas pelos índios da América do Sul tropical: feijão, mandioca, batata-doce, milho, tabaco, algodão... Mas é ao cultivo do tabaco e do milho que eles dão mais atenção. Os Chulupi são fumantes inveterados, e o milho é produzido tanto para fabricar chicha (cerveja) como farinha.

Todo o trabalho agrícola (abrir a roça, plantar e mantê-la limpa) é feito pelos homens, com exceção da colheita, da qual tanto os homens como as mulheres participam. A esse respeito, Nordenskiöld, que fala de uma cooperação estreita entre homens e mulheres em todas as etapas do trabalho agrícola, certamente se enganou. Essa organização do trabalho agrícola sugere uma forte influência andina, bastante recente: é sabido que no planalto boliviano a agricultura é uma atividade masculina, enquanto a leste, entre os Guarani e em toda a floresta tropical, ela diz respeito sobretudo às mulheres.

O trabalho de preparação das plantações (derrubada das árvores, abertura de clareiras) ocorre em agosto e setembro. Em outubro ocorre o plantio, e no verão, a partir de dezembro, a colheita.

Os Chulupi armazenam o que não consomem imediatamente em espécies de celeiros: cabanas cujas paredes são feitas com galhos espinhosos, dentro das quais há uma plataforma de madeira em que são depositados grãos e tubérculos (cultivados ou selvagens). Esses celeiros servem tanto para proteger as colheitas de pássaros e roedores como das intempéries.

A caça é uma atividade permanente e importante — embora menos fundamental para os povos ribeirinhos do Pilcomayo do que para os que vivem no interior, pois para estes falta o peixe —, principalmente a caça da ema (*ñandu*), que ocorre em março e abril, o período de acasalamentos. Os Chulupi caçam tanto solitariamente como coletivamente (algumas expedições de caça, em que se coloca fogo nas campinas, podem reunir dezenas de índios).

Sem serem imprudentes, os Chulupi revelam às vezes uma audácia impressionante: quando, por exemplo, armados com uma simples borduna, avançam sobre um bando de porcos-do-mato que os golpeiam com suas presas, tentando dilacerar suas pernas. Nesses momentos, é digno de nota a agilidade e o sangue-frio desses homens que, com pulos e esquivas, evitam os perigosos ataques das mandíbulas, que mordem no vazio.

Os Chulupi são especialistas em armadilhas, que asseguram um complemento ao rendimento das caçadas, de modo que, se desejarem, podem garantir uma provisão praticamente constante de carne. As armas utilizadas são, sobretudo, o arco e a flecha e, mais raramente, a lança, utilizada principalmente pelos caçadores que perseguem a cavalo as emas ou os veados (os Chulupi se tornaram criadores de cavalo e cavaleiros em meados do século XIX).

A pesca, atividade sazonal (de final de abril a final de julho), fornece grande quantidade de peixes. Nessa época, incontáveis cardumes sobem os rios, entram nas lagoas, invadem os pântanos e conseguem habitar a menor poça d'água. Essa piracema ocorre quando os rios ainda estão cheios e a inundação permite aos peixes passarem de um a outro. Quando as águas começam a baixar, os peixes ficam presos nas poças e nos charcos. Então, pode-se ver por toda parte lagos literalmente fervilhando, tamanha é a quantidade de peixes que se agitam neles. Os meses de maio, junho e julho são um banquete perpétuo para os Chulupi; nesse período, até mesmo os cachorros engordam.

Casamento

Quando um rapaz e uma moça chegam a um acordo, a moça abandona o grupo de jovens solteiras e vai dormir na casa de sua família (normalmente, as jovens solteiras dormem fora, todas juntas, perto da casa de uma delas; os jovens solteiros dormem todos juntos, no pátio). O rapaz, por sua vez, deixa seu grupo para ir passar a noite junto dela, mas com a cabeça escondida sob um poncho ou sob uma coberta, para que seus futuros sogros não saibam quem ele é. No dia seguinte, bem cedo, antes que os outros acordem, ele sai para caçar ou pescar. Essa expedição é especialmente importante para ele, pois seus futuros sogros irão avaliar seu talento e a consideração que tem por eles de acordo com o que trouxer para lhes oferecer. É de interesse do jovem ganhar a estima dos seus sogros e a amizade de seus cunhados, já que vai passar o resto da sua vida na casa de seus afins. Os sogros, por sua vez, estão diretamente interessados em testar as capacidades do genro, pois quando, em razão da matrilocalidade, seus filhos casados os deixarem, são os maridos das filhas que os substituirão no suprimento das necessidades da casa. Estabelece-se então uma dependência econômica dos sogros em relação aos genros, que se acentua com a idade. O jovem, inteiramente consciente dessa disposição de espírito dos sogros, não pode, portanto, oferecer qualquer coisa.

O presente mais estimado é a ema, pois é um animal muito difícil de caçar (e a prova, portanto, de que o jovem é um excelente caçador). Além disso, a ema é apreciada por sua carne, que é a preferida dos Chulupi, por suas penas, com as quais se faz as saias e os penteados que as mulheres usam nas cerimônias importantes (quando as jovens ficam menstruadas, por exemplo), e também por sua pele, utilizada para fabricar bolsas e odres para guardar mel. Se o jovem consegue matar uma ema (o que é possível somente entre abril e maio, já que a ema só é caçada no período de acasalamentos), sua sogra deve lhe oferecer imediatamente um presente valioso, de preferência um objeto ou uma roupa de lã tecida por ela: poncho, cinto, bolsa feita de contas.

O segundo lugar na hierarquia das prestações é ocupado pelo mel: os Chulupi consomem muito mel, misturado à água ou, o que é mais frequente, sob a forma de hidromel, de modo que um odre cheio de mel (equivalente a vários litros) satisfaz os mais exigentes sogros. O peixe ocupa a terceira posição e, em último lugar, estão a caça e os pássaros.

Se o jovem não se sente capaz de obter sozinho a quantidade de alimento que esperam dele, ele pode pedir ajuda a sua própria família: seus tios, seus irmãos ou seu pai o acompanham. Assim, a exigência da família da moça é proporcional à solidariedade da família do rapaz. Se sua oferta de comida é aceita pelos sogros, ele faz sua primeira refeição com eles, agora com o rosto descoberto, e o casamento é consumado.

Genro e sogros adotam em suas relações uma atitude fria e distante, evitando ao máximo ficar sozinhos na presença um do outro. Genro e sogra se evitam ainda mais, e só se sentem à vontade se uma terceira pessoa estiver presente. O genro nunca se dirige diretamente aos sogros: ele recorre sempre a sua mulher, que é sua principal intermediadora, e isso somente se necessário, por exemplo, quando precisa de algum objeto do sogro emprestado. Se sua mulher não está, ele faz o pedido por meio do parente mais próximo que estiver presente, um cunhado ou uma cunhada. De toda forma, deve ser sempre um afim, jamais um estranho, nem que este seja seu amigo mais íntimo: introduzir um estranho no círculo de relações entre aliados seria uma grande falta de cortesia, tomada pelos sogros como uma ofensa pessoal.

O sentimento mais comum dos Chulupi pelo marido de uma filha não se resume, contudo, a essa atitude de distância e evitação, que na verdade esconde estima e afeto. Quanto às relações com os cunhados, elas são muito mais livres e tranquilas do que com os sogros.

Os Chulupi explicam essa atitude dizendo que é preciso ter profundo respeito pelos pais da esposa e, portanto, evitar falar com eles indiscriminadamente, pois, se descontentes, eles poderiam colocar a filha contra o marido, o que tornaria a situação insustentável, já que ela é a única pessoa de quem o marido se sente próximo. Na dupla posição de esposo e pai distante de seus próprios parentes, ele fica vulnerável aos questionamentos dos parentes de sua mulher e deve, assim, evitar dar motivos para isso. Daí deriva o status incontestavelmente elevado das mulheres Chulupi — assim como das mulheres em geral em quase todas as tribos do Chaco.

Nome pessoal

A criança recebe seu nome, *vatei*, quando já fala e compreende o que lhe dizem (por volta dos quatro ou cinco anos). A mãe e a avó materna são as que escolhem o nome. Antes disso, há uma espécie de negociação entre o pai e a mãe da criança, para saber se o nome virá da linhagem materna ou dos ascendentes paternos. Trata-se, na verdade, de uma formalidade, pois quase sempre escolhe-se o nome de um parente materno: o menino recebe o nome de um irmão da mãe e a menina de uma irmã da mãe (há nomes masculinos e femininos). Na falta de um tio ou tia maternos, dá-se o nome do avô ou da avó maternos.

Por sua repetição e circulação de geração em geração, o nome pessoal atesta a continuidade das linhagens às quais Ego[192] pertence, e mostra a preeminência da linhagem materna. Para os adultos, toda criança dessa linhagem é *nitsopeesh*, "objeto de nosso amor, de nosso afeto". E, ainda que um só termo designe os tios paternos e maternos, as relações com os irmãos da mãe são aquelas marcadas pela confiança e familiaridade. A criança chama o irmão de sua mãe de *tata*, papai, e o tio lhe diz *iôs*, filho.

A homonímia reforça a relação entre portadores do mesmo nome, entre *iaifa* (masc.) e *iaifache* (fem.); o tio (ou a tia) prefere o sobrinho (ou sobrinha) que tem o nome igual ao seu, e demonstra essa preferência. Ele cuida constantemente de seu *iaifa*, participa de perto de sua educação, nunca lhe recusa ajuda e frequentemente lhe dá presentes...

O sistema de nomes pessoais também opera fora do parentesco: laços de amizade sólidos sempre se estabelecem entre portadores do mesmo *vatei*, ainda que não sejam parentes entre si.

São chamadas por seus nomes próprios somente os *nivatvehlehe'a*, as pessoas que não são parentes, dentre as quais escolhe-se um esposo ou uma esposa. Os parentes — isto é, o conjunto da parentela bilateral, os *inavot* — são nomeados pelo termo de parentesco adequado. Muito cedo, as crianças aprendem as relações de parentesco que as unem aos outros, e a maneira de se dirigir a cada um dos parentes. A mãe, a avó e as tias as ensinam. Chamar um parente por seu nome próprio é considerado uma quebra de decoro, um sinal de desrespeito e ingratidão, pois implica tratá-lo como um estranho, negando-lhe a qualidade de parente.

---

[192] Nos estudos de parentesco, designa-se "Ego" o indivíduo cujas relações estão sendo descritas. (N. do T.)

Assim que um homem (ou uma mulher) se casa, ele(a) para de utilizar os nomes pessoais para designar os parentes de seu cônjuge — os *ikakchevot* — ou para se dirigir a eles, passando a utilizar os termos de parentesco exigidos. Mas:

— homens e mulheres só utilizam os termos "sogro" ou "sogra" a partir do momento em que têm um filho. Antes disso, não há nenhum termo para designar o pai ou a mãe do seu cônjuge, e eles nunca se dirigem diretamente a eles — o que corresponde à atitude de evitação que é a regra entre genro e sogros.

— marido e mulher nunca se chamam por esses termos ou por seus nomes pessoais. Enquanto não têm filhos, eles se referem um ao outro como "o homem, a mulher, o outro" e se interpelam por meio de interjeições. Eles utilizam os termos "esposo" e "esposa" somente na intimidade, ou quando estão furiosos um com o outro. A partir do momento em que têm um filho, os pais chamam um ao outro de "pai do meu filho", "mãe do meu filho", e se referem um ao outro da mesma forma (o pai, a mãe do meu filho). Depois que a criança recebe um nome, essas designações se tornam: "pai de fulano" ou "mãe de sicrano". Quando há muitas crianças, utiliza-se sempre o nome do mais jovem.

O sistema nominativo chulupi distingue, dentro de uma mesma comunidade:

— o espaço dos não parentes: conjunto discreto de individualidades;

— o espaço dos parentes: conjunto contínuo de relações.

Ou seja:

— um conjunto de diferenças inertes, justapostas;

— um sistema diacrítico.

A proibição do nome pessoal e, consequentemente, a obrigação de utilizar os termos da nomenclatura impedem toda relação direta entre Ego e seus parentes. Essas relações são sempre mediadas pelo próprio conjunto que eles constituem, e um homem não pode chamar sua mulher de "minha mulher" (seria uma injúria), mas somente de "mãe de meus filhos". Inversamente, as pessoas estranhas têm em comum a qualidade negativa de não serem parentes de Ego e de não formarem um conjunto estruturado, mas somente uma coleção de indivíduos com os quais se trava apenas relações imediatas, que se expressam mediante o uso do nome pessoal.

Chefia

O chefe da casa é chamado *nitââklaja* (aquele que não faz mais coisas de criança) ou *tanch'anjay* (aquele a quem devemos ouvir, a quem devemos obedecer). Se há um xamã em uma casa composta por muitas famílias, é ele quem exerce essa função; caso contrário, ela será exercida por um homem adulto (entre vinte e cinco e quarenta anos), experiente em todas as coisas. Quando um chefe da casa é também xamã, seu poder se estende a outras casas. Se um grupo estrangeiro se incorpora à aldeia, ele terá seu próprio chefe.

O chefe de toda a aldeia é chamado *hlkaanvakle*. Os critérios para ser *hlkaanvakle* são: ser um bom caçador, pescador e coletor de mel; saber falar bem; ser um bom guerreiro e, de preferência, ser um xamã, na medida em que isso confere mais força à guerra e à caça.

Saber falar é um critério essencial. De manhã bem cedo, antes que o dia amanheça, e no final da tarde, antes do crepúsculo, o *hlkaanvakle* faz um discurso. Para referir-se a ele, os Chulupi utilizam a expressão: *lytâ'yish hlklish*, conhecer as palavras que resolvem os problemas.

Na condição de assistentes do chefe principal, os chefes de cada casa são chamados de *hlkaanvakle hlklâvos* (aqueles que estão sob a autoridade do chefe). Entre esses assistentes, aqueles que são encarregados de transmitir as ordens do chefe são chamados de *hlkaanvakle hlkasinôyanjas*.

Quando um chefe morre, toda a aldeia fica de luto e se abstém de dançar durante certo tempo.

O chefe principal que, em caso de guerra, exerce sua autoridade sobre diversas aldeias, geralmente é um xamã. Mas há exceções: Tofai, por exemplo, não era xamã, mas se impôs por suas qualidades de estrategista. A chefia se funda em qualidades guerreiras: coragem, astúcia, senso tático. Quanto mais um homem possui escalpos, maior o seu valor e mais distinto ele será.

Em caso de ataque, as aldeias vizinhas, ou até mesmo todas as aldeias chulupi, solidarizam-se. Um mensageiro (*k'eeyjanaj*), sempre jovem e bastante ágil, passa de aldeia em aldeia, de modo que em dois ou três dias todo mundo fica avisado. Quando o chefe principal parte em uma expedição guerreira, ele visita pessoalmente todos os chefes de aldeia para ordenar que se prepararem para ir a este ou aquele lugar e convocar os guerreiros.

Em caso de morte por feitiçaria, pode haver vingança entre as aldeias.

Xamanismo

Para ser xamã, é preciso ter vocação. A vocação se expressa no encontro com um espírito (por exemplo, sonhar com um pássaro cantador). Mas não basta ter vocação. É necessário passar por uma iniciação e obter um canto mágico. Em seguida, é preciso se submeter a um aprendizado rigoroso, ao longo de anos, sob a direção de um mestre mais velho. Esse aprendizado compreende todo tipo de prova física (mortificações, jejuns, vigílias), que tornam possível a comunicação com o mundo dos espíritos, assim como lições sobre os diversos tipos de cantos (isto é, as diferentes formas de modular a voz), as evocações dirigidas aos espíritos e as técnicas de cura.

A principal função do xamã, cuja prática é ligada à teoria etiológica, é médica: se o mal é provocado pela introdução mágica de um objeto estranho no corpo, o xamã deve extrair esse objeto; se é provocado pela partida da alma, raptada por espíritos maléficos, ele deve reencontrá-la e recolocá-la em seu lugar. Diversas técnicas são utilizadas em uma cura: o xamã dança, canta, sopra fumaça de tabaco e cospe sobre o paciente. A saliva é algo forte. Os Chulupi dizem que a saliva de um dos seus xamãs, Kashiha, é particularmente poderosa devido a uma bebida mágica que ele tomou quando foi iniciado.

Um xamã pode, eventualmente, intervir em um parto caso a parteira enfrente dificuldades para realizá-lo, o que ocorre quando um espírito o impede.

A força vital de um indivíduo é associada ao fígado. A alma se distribui por todo o corpo e sai pela boca. Depois da morte, as almas vão para um lugar chamado *ienka'op*, isto é, verão, onde há muitas algarobas e onde se bebe chicha todos os dias. As almas dos homens e das mulheres vão para lá, e têm a capacidade de se transformar em pássaros ou em animais.

Quando quer prever o futuro, o xamã envia sua alma ao sol, que conhece e vê tudo. A viagem é muito perigosa, porque o sol é um canibal que não gosta de ser incomodado, e o caminho que conduz até ele é cheio de obstáculos: se o xamã for hábil, ele irá se metamorfosear para poder superá-los. Ele deve percorrer, sucessivamente:

— uma região chuvosa;
— uma zona de trevas (transformando-se em coruja);
— um caminho escorregadio (transformando-se em um pedaço de cera);
— dois galhos que se entrechocam (transformando-se em beija-flor);
— nós corrediços (transformando-se em enguia);
— uma sebe de cacto (transformando-se em beija-flor ou em rato).

Os Chulupi afirmam que os Toba ainda acreditam que os xamãs têm a capacidade de se transformar em jaguar.

Iniciação das jovens

Vataasnat: aquela que se forma.

Por ocasião da primeira menstruação, realiza-se uma grande festa durante a qual a jovem recebe um espírito.

São os homens mais ricos, isto é, os que têm as maiores roças, que organizam a festa, que pode reunir quinhentas, seiscentas ou até mil pessoas.

Os pais escolhem uma "mestre de cerimônias", às vezes duas, que devem ser xamãs: são elas que "vão fazer" o espírito, isto é, elas vão procurar um espírito para transmiti-lo à jovem. Quase sempre, são espíritos de pássaros (os espíritos dos peixes e dos quadrúpedes são reservados aos homens). Quando o encontram, elas cantam o seu canto ininterruptamente, de modo que a jovem saberá que aquele pássaro é o seu espírito. O espírito é o canto.

As duas iniciadoras começam a dançar no pátio ao redor da jovem, que permanece de pé, imóvel. Um homem as acompanha no tambor e canta. Elas cantam sem palavras, enquanto tocam matracas feitas de cascos de veado ou de capivara. O rosto delas é pintado com listras negras ou vermelhas e elas usam um cocar de penas de ema pintadas de vermelho. Elas também usam pulseiras de penas brancas de ema amarradas nos tornozelos, e seguram em suas mãos um buquê de penas que agitam ao ritmo da dança. A jovem possui o mesmo cocar que elas, mas com as penas viradas para baixo, para cobrir parte de seu rosto. Ela deve prestar atenção ao canto de suas iniciadoras, pois é graças a esse canto que ela possuirá o espírito invocado pelas xamãs.

Nos primeiros dias, os Chulupi dançam uma ou duas horas, durante a noite. Nos dias seguintes, dança-se por mais tempo, e, ao cabo de quinze dias, a dança dura metade ou três quartos da noite. Nos últimos dois dias, os Chulupi dançam dia e noite sem parar.

A jovem deve permanecer sem comer e sem beber para que, no futuro, seja resistente.

No último dia, se ela tiver resistido bem, dois homens, irmãos ou tios, a levam para correr e saltar no pátio de dança. Alguns jovens tentam fazê-la tropeçar, testando sua resistência. Estes não são parentes. Usam uma máscara, com buracos apenas para os olhos, para que ninguém os reconheça. Um outro grupo de jovens, parentes e amigos dos irmãos da jovem moça, protegem-na. Eles se empurram e lutam durante quase uma hora.

Depois disso, fazem uma incisão em seus braços e pernas com um osso de ema, de raposa, de jaguar etc. Um homem muito forte é escolhido para fazer esses cortes, para que sua força se some às qualidades do animal cujo osso foi utilizado. Por fim, as tias maternas e a avó, ou as avós, lhe dão um banho dentro de casa.

Durante toda a festa, deixa-se uma grande quantidade de milho ou de melancia à disposição dos jovens, para que se alimentem. No último dia, prepara-se muita chicha de milho ou de algaroba dentro de dois ou três troncos de *samu'u* (*palo-borracho*), que podem conter até duzentos litros cada um. Essa cerveja é reservada aos homens adultos — que, para ajudar na sua fermentação, cantam ao ritmo do maracá. O momento de beber a chicha pode reunir até duzentos homens e a festa só termina quando a cerveja acaba.

As duas iniciadoras e o homem no tambor são remunerados com ovelhas e contas, assim como os jovens mascarados.

Depois de algum tempo, a jovem é alimentada com o fruto venenoso da *sachasandia* (*Capparis salicifolia*): se ela resiste ao veneno,[193] é sinal de que recebeu o espírito.

A partir de então, a moça se submete definitivamente a algumas proibições alimentares. Fica proibida de comer o pássaro-espírito e também muitos outros alimentos (carne de ovelha e peixe surubim, por exemplo). Essas proibições variam de acordo com cada tipo de espírito. Se não as respeitar, a jovem poderá ficar muito doente. Ao contrário, se for fiel ao espírito, ela poderá cantar seu canto quando estiver doente, pedindo sua ajuda.

Iniciada, a jovem deve esperar três ciclos menstruais antes de ter relações sexuais.

Esse rito de iniciação é realizado para as filhas dos grandes guerreiros ou xamãs, mas outras jovens podem participar dele e receber espíritos. As moças para as quais não se faz nenhuma cerimônia não têm que respeitar nenhuma proibição alimentar — com exceção daquelas que dizem respeito às mulheres em geral, quando estão menstruadas.[194]

---

[193] [Os frutos da *sachasandia* contêm um veneno mortal: Alfred Métraux ("Agressividade e ressentimento entre os índios Mataco", 1967) registrou diversos casos de suicídio cometidos com esse veneno.]

[194] Durante o período menstrual, todas as mulheres estão sujeitas a proibições. Elas não comem carne, peixe ou mel, apenas vegetais. *Vakla*, palavra empregada para designar o período menstrual, significa "nada para ela". A mulher menstruada fica o dia inteiro sentada no mesmo lugar, sem se

Uma cerimônia idêntica, mas menos importante, é realizada para os meninos que entram na puberdade, sob a orientação, dessa vez, de um xamã homem. Ela é muito mais curta (dois ou três dias) e reúne menos convidados. Não há tambor e somente os homens participam das poucas danças realizadas. Durante a cerimônia, o garoto também recebe um espírito.

Não são todos os jovens que passam por essa iniciação, mas ela é uma etapa obrigatória para aqueles que querem se tornar xamãs, a primeira antes do longo aprendizado durante o qual são ensinados os cantos e as técnicas de cura.

Tatuagens femininas

Todas as mulheres têm a mesma tatuagem no rosto, que começa a ser feita pouco antes da puberdade (por volta dos doze ou treze anos), e que distingue as mulheres Chulupi das mulheres de outros grupos, cujas tatuagens apresentam outro desenho.

Com quatro ou cinco espinhos de cacto atados, a mãe ou uma irmã da jovem faz uma incisão em forma de linhas verticais no queixo dela; em seguida, passa-se um pouco de carvão sobre as feridas, de modo que, quando o sangue seco cai, a tatuagem fica com uma coloração azulada. Se a jovem for muito resistente, pode-se fazer toda tatuagem de uma vez só. Mas, geralmente, inicia-se com uma ou duas linhas e, conforme a menina vai crescendo, somam-se outras linhas:

— uma da raiz à ponta do nariz;
— duas de cada lado da boca;
— onze linhas verticais no queixo (começa-se pela do meio).

---

mexer, e durante a noite dorme sozinha, o marido distante, pois se ela o tocar, ele perde sua força. Ela também não deve tocar em seus pertences, sobretudo suas armas, que se tornariam inúteis.

O JOGO DE BOLA

As grandes partidas de jogo de bola, em que as aldeias se enfrentam em pares, acontecem entre dezembro e janeiro (época das colheitas e da coleta de algaroba) e no começo do inverno (maio). Somente os homens adultos e iniciados participam desses confrontos. As aldeias que se enfrentam são parceiras habituais de jogo.[195]

As aldeias que acumularam alimento suficiente para alimentar muitos convidados são as que tomam a iniciativa de convidar seus parceiros. De acordo com o poder que têm e com a quantidade de recursos de que dispõem, elas também convidarão as pessoas das aldeias vizinhas para assistirem ao jogo, em maior ou menor número.

Antes de tomar a decisão de organizar um encontro, o chefe da aldeia consulta as demais pessoas e os xamãs. Depois, acompanhado de seu estado-maior, vai até a casa dos convidados: "Eu vim amigavelmente convidá-los para jogar *kasati*".[196] E ele informa quais são os prêmios oferecidos. Os convidados oferecem mais e, então, inicia-se uma negociação entre as duas partes, concluída pelos que convidam, que estabelecem o prêmio final. O chefe dos convidados aceita: "Assim será então", e pergunta aos demais se eles concordam e se se sentem fortes o bastante para jogar. Estes respondem afirmativamente. O proponente estabelece, então, a data: "Quando a lua estiver em tal posição"... Ele ainda permanece dois ou três dias na aldeia de seus futuros adversários, até que termine a festa de chicha realizada em sua homenagem.

Na véspera da chegada dos visitantes, as mulheres preparam a chicha e uma grande quantidade de comida. No caso de as pessoas das aldeias vizinhas também assistirem ao jogo, o chefe deve prever comida suficiente para todos. A equipe convidada chega acompanhada de mulheres e meninas. Os recém-chegados dormem

---

[195] As equipes são os *hltâkavfas*, ou seja, os contrários.

[196] *Kasati* é a bola de madeira (*palo-santo*). Convidar para o jogo se diz *t'ahlei*, literalmente, "perguntar".

na casa de seus parentes, caso os tenham, ou no pátio. Se chove, eles se dividem entre todas as casas.

O chefe cumprimenta os visitantes, recorda os termos do convite e faz recomendações para que o jogo ocorra tranquilamente, sem más intenções. Ele reúne a comida e a divide entre os convidados. Os xamãs, por sua vez, cuidam dos jogadores de suas equipes: eles sangram suas bochechas perfurando-as com ossos de ema, de raposa e de outros animais velozes.

Dois ou três dias mais tarde, a partida se inicia com discursos dos dois chefes, que pedem para todos competirem amigavelmente.

No campo, um local especialmente limpo pelos anfitriões para a ocasião, estão dispostos os prêmios que serão oferecidos aos vencedores: animais (carneiros, cavalos), colares, cintos, ornamentos para serem usados na cabeça, espingardas etc., tudo agrupado em duas pilhas no campo de seus respectivos proprietários. Todos esses bens são fornecidos pelos jogadores; os convidados têm o cuidado de levar a mesma quantidade de coisas.[197]

Cada equipe possui entre sessenta e cem homens. Cada uma tem um chefe, que é um *kaanokle*. Durante todo o jogo, os xamãs invocam os espíritos em favor de suas respectivas equipes: "Espírito, eu quero que você se preocupe comigo, que você faça com que os meus ganhem e que você afaste os espíritos dos outros", eles repetem cadenciadamente, enquanto fumam seus cachimbos.

A bola (fornecida pela equipe anfitriã) é colocada no meio do campo e, ao redor dela, estão os tacos.[198] São os convidados que começam. Um deles salta no meio do círculo e pega um taco, iniciando a partida. A partir daí, os jogadores de cada lado devem atingir com a bola o alvo do adversário, representado por uma pilha de madeira. Uma única partida pode durar um dia inteiro, e elas se sucedem até que os jogadores se esgotem de cansaço, normalmente depois de uma semana. Ao redor deles, o público assis-

---

[197] *Yamazech* é o prêmio; literalmente, "o que eu consegui apanhar".

[198] *Kasativo* é o taco; literalmente, "o que é para a bola". *Vatviiute* é o alvo; literalmente, "amontoado de madeira".

te e grita. Os xamãs cuidam dos jogadores machucados, cada um atribuindo aos xamãs da equipe adversária as dores sentidas pelos jogadores de sua equipe. Desse modo, nesses jogos em que os homens provam suas habilidades e sua capacidade de resistência, também os xamãs competem entre si.

A partida termina com uma cordial bebedeira, os chefes fazendo um discurso de despedida. Consolam os vencidos dizendo-lhes que jogaram muito bem. A equipe perdedora pede a revanche a que tem direito. Esta ocorrerá alguns meses depois, mas sem novos prêmios: se ganha, ela recupera o que tinha perdido; se perde, deve pagar o "crédito" que lhe concedeu a equipe vencedora. Mas se uma equipe perde duas vezes consecutivas, não tem mais vontade de jogar novamente contra os vencedores. Cada jogador recebe o prêmio de seu homólogo e há presentes especiais para os xamãs.

Eles são convidados para demonstrar sua força e a permanência dessa força.

ÍNDICE DOS MITOS

I. Origem das plantas cultivadas
M1. Nasuk 27
M2. Nasuk (variante) 32
M3. O primeiro milho 34
M4. O primeiro milho (variante) 36
M5. Origem do tabaco 38

II. Histórias naturais
M6. Origem da cor dos pássaros 40
M7. As duas periquitas 45
M8. Origem dos porcos-do-mato 47
M9. Voiti e Shimbo'o 49

III. Cosmologias
M10. Origem da escuridão 51
M11. O eclipse do Sol 53
M12. Origem dos ventos 55
M13. A nuvem vermelha 56
M14. O fim de um mundo 57
M15. As manchas da Lua 58
M16. O eclipse da Lua 59
M17. Hivekla, a Lua 60
M18. O raio 60
M19. O arco-íris 61
M20. A pedra que caiu do céu 62

IV. Povo da água, homens-pássaros
M21. Vanakuk, o dilúvio 63

M22. O dilúvio (variante) 65
M23. Os três pescadores 67
M24. Hlavo, a Grande Serpente mestre das águas 68
M25. Tos, a grande serpente 71
M26. A vagina dentada 72
M27. A vagina dentada (variante) 74
M28. O pescador com o rosto pintado de vermelho 75
M29. As duas estrelas 78
M30. A águia Miio 80

V. Histórias de canibais
M31. Os K'utshatah 84
M32. Os K'utshatah (variante) 85
M33. O homem que se transformou em Tsamtah 87
M34. Tsamtah 90
M35. Tsamtah e os dois irmãos 91
M36. Os filhos de Tsamtah 93
M37. O pássaro Sitibibi 94
M38. It'o, o urubu 95
M39. Kustah, a cotovia, e o pássaro Cheten 96
M40. As duas mulheres que deram nomes a si mesmas 98

VI. Duas figuras do enganador
M41. O tatu e o jaguar 100
M42. A vingança do tatu 103
M43. A vingança do tatu (variante) 106
M44. O jaguar e o camarão 106
M45. O jaguar e o tamanduá 107
M46. As aventuras do jaguar 108
M47. A mulher esposa do jaguar 111
M48. Os jaguares caçadores 115
M49. A raposa e o beija-flor 117
M50. Ionis, a raposa 118

VII. Primeiros truques, primeiros aprendizados
M51. Wot'aai e as emas 121
M52. Kufahl 124

M53. Kufahl-Wot'aai vai à caça 125
M54. Wot'aai vai à caça 128
M55. O pássaro K'o e a anta 128
M56. Stabu'un e K'o 129
M57. K'o, as abelhas e o pica-pau 132
M58. K'o e Hutsah, o carancho 134
M59. K'o e Vavohlai, o lobo 136

VIII. Histórias morais
M60. O tatu e sua mulher 138
M61. A mulher adúltera 140
M62. Iekle, a anta 142
M63. A mulher e a brasa 143
M64. Tsik'o 144
M65. Tshiapo, o urutau 144
M66. O pássaro Vokoko 146
M67. Os grandes porcos-do-mato Woho 146
M68. O velho visitante 147
M69. Os dois esposos que falavam mal 149
M70. O homem a quem não se podia dizer nada 152
M71. Os guerreiros cegos 159
M72. O cachorro 163
M73. Origem da guerra 164

REFERÊNCIAS BIBLIOGRÁFICAS

CLASTRES, Pierre. *La société contre l'État*. Paris: Éditions de Minuit, 1974 [*A sociedade contra o Estado*. Tradução de Theo Santiago. São Paulo: Ubu, 2017].

_____. *Le grand parler: mythes et chants sacrés des indiens Guarani*. Paris: Seuil, 1974 [*A fala sagrada: mitos e cantos sagrados dos índios Guarani*. Tradução de Nícia Adan Bonatti. Campinas: Papirus, 1990].

_____. *Recherches d'anthropologie politique*. Paris: Éditions du Seuil, 1980 [*Arqueologia da violência*. Tradução de Paulo Neves. São Paulo: Cosac Naify, 2004].

IHERING, Rodolpho von. *Dicionário dos animais do Brasil*. São Paulo: Directoria de Publicidade Agrícola, 1940.

LÉVI-STRAUSS, Claude. *Anthropologie structurale*. Paris: Librairie Plon, 1958 [*Antropologia estrutural*. Tradução de Beatriz Perrone-Moisés. São Paulo: Cosac Naify, 2008].

_____. *Mythologiques. Le cru et le cuit*. Paris: Librairie Plon, 1964 [*Mitológicas. O cru e o cozido*. Tradução de Beatriz Perrone-Moisés. Rio de Janeiro: Zahar, 2021].

_____. *Mythologiques. Du miel aux cendres*. Paris: Librairie Plon, 1966 [*Mitológicas. Do mel às cinzas*. Tradução de Carlos Eugênio Marcondes de Moura. Rio de Janeiro: Zahar, 2022].

MÉTRAUX, Alfred. "Myths and Tales of the Mataco Indians." In *Ethnological Studies*, 9, Gotemburgo, 1939.

_____. "Myths of Toba and Pilaga Indians of the Gran Chaco." In *Memoirs of the American Folklore Society*, vol. 40, Filadélfia, 1946a.

_____. "Ethnography of the Chaco." In *Handbook of South American Indians*, Washington D.C., Smithsonian Institution, 1946b.

_____. *Religions et magies indiennes d'Amérique du Sud*. Paris: Gallimard, 1967.

NORDENSKIÖLD, Erland. *La vie des indiens dans le Chaco*. Tradução de H. Beuchat. Paris: Delagrave, 1912.

NOTAS SOBRE UM LIVRO POSSÍVEL

Beatriz Perrone-Moisés

Do material coletado em suas duas estadias de campo entre os Chulupi, no Chaco, em 1966 e 1968, Pierre Clastres (1934-1977) deixou dois artigos e um vasto material inédito. Um dos artigos, "De que riem os índios?" (1967), é dedicado a duas narrativas chulupi. No outro, "Infortúnio do guerreiro selvagem" (1977), os dados a respeito dos Chulupi contribuem para uma reflexão sobre "sociedades guerreiras" de escopo panamericano. Uma nota, neste último, anuncia uma publicação futura sobre "a tribo guerreira [dos Chulupi]" (Clastres, [1977b] 2011, p. 260), que o autor não teve tempo de terminar.

Em 1992, Hélène Clastres, em colaboração com Michel Cartry, africanista que fora colega de Pierre nos seminários de Claude Lévi-Strauss, organizou este livro com parte do material já preparado pelo marido. Como Adriana Sterpin, em resenha escrita logo após a publicação da edição francesa (1993), só podemos nos alegrar em ter acesso a esses escritos, agora na cuidadosa tradução de Ian Packer para o português.

Em seu "Prefácio" à obra, Hélène compartilha algumas intenções de Pierre, descreve o material que ele tinha deixado e esclarece os critérios adotados na edição. Chama a atenção, de saída, o fato de Clastres ter decidido ir ao Chaco para "diversificar sua experiência etnográfica", após estadias junto aos Guayaki e aos Guarani. O que Pierre diz de Alfred Métraux, no comovente texto de homenagem aqui incluído, valeria para ele mesmo: "um dos maiores especialistas da etnologia americanista, [cujo conhecimento se fundava] tanto em suas numerosas leituras como em seu contato íntimo e prolongado com diversas tribos da América do Sul" (p. 180).

É digno de nota que Clastres preparasse um livro dedicado a mitos. "Não sou estruturalista", declarou ele em entrevista concedida em 1974, "mas não tenho nada contra o estruturalismo; é que me ocupo, como etnólogo, de campos que, em minha opinião, não são do domínio da análise estrutural [...]." Alguns anos mais tarde, diria, nesse sentido, que "a análise estruturalista oculta a dimensão política do pensamento dos selvagens" ([1977] 2011, p. 293). Muitos são os trabalhos que destacam, em sua obra, temas e preocupações que, de fato, não aparecem nas análises estruturais dos mitos, e os afastamentos entre ele e Lévi-Strauss são com frequência reduzidos a uma oposição entre *práxis* e operações mentais ou "representações". Muito se poderia discorrer sobre a pertinência da oposição em si, mas vejamos, sobretudo, como prossegue a resposta de Clastres à pergunta sobre sua relação com o estruturalismo: "No entanto, se trabalhasse com um *corpus* mitológico, é muito provável que seria necessariamente estruturalista, porque não vejo muito bem como analisar um *corpus* mitológico de maneira extra-estruturalista" ([1974a] 2003, pp. 235-6). Era esse mesmo Clastres que, um ano após a publicação do segundo volume das *Mitológicas*, abrindo o artigo dedicado a duas narrativas chulupi, saudava a obra e o método de Lévi-Strauss: "Tomando resolutamente a sério as narrativas dos 'selvagens', a análise estrutural nos ensina, já há alguns anos, que tais narrativas são precisamente muito sérias e que nelas se articula um sistema de interrogações que elevam o pensamento mítico ao plano do pensamento propriamente dito. Sabendo a partir de agora, graças às *Mitológicas* de Claude Lévi-Strauss, que os mitos não falam para nada dizerem, eles adquirem a nossos olhos um novo prestígio; e, certamente, investi-los assim de tal gravidade não é atribuir-lhes demasiada honra" ([1967] 2003, p. 247). Clastres preparava um livro feito essencialmente de análises de um *corpus* mitológico: seria nele "necessariamente estruturalista", a julgar por sua afirmação na entrevista. Mas em que sentido?

Hélène observa, no "Prefácio", que não podemos saber qual "elaboração final Pierre pretendia dar ao material [...] apenas pressenti-la, e remeter a sua obra". Ela nos informa, ainda, que "ele planejava tratar, sobretudo, das circunstâncias em que havia registrado esses mitos, de seus principais narradores, da forma de ouvir e de contá-los" (p. 8). Esse interesse no que chamaríamos de contextos de enunciação dos mitos poderia, segundo uma ideia bastante difundida, levar a pensar num distanciamento em relação às propostas de Lévi-Strauss. Comentando o artigo "De que riem os índios?", Anne-Christine Taylor, por exemplo, afirmava nesse ponto um afastamento entre Clastres e a análise estrutural; nesta, dizia ela, "as condições de enunciação dos mitos — quem os contava, quem os escutava e de que modo — eram desconsideradas por princípio"; mas ela mesma, em seguida, lembra que o próprio Lévi-Strauss dizia que "a apreensão dos sentidos que os mitos tinham para quem os produzia eram um 'luxo' de que o etnólogo podia prescindir em sua análise e do qual era, de todo modo, obrigado a privar-se na maior parte do tempo" (Taylor, 2013). Ou seja, não havia dados a respeito dos contextos de enunciação nem de recepção de praticamente nenhuma das narrativas analisadas nas *Mitológicas* e a análise podia render mesmo assim; o que não significa que tais informações não tivessem interesse algum, "por princípio". Antes se poderia ver na intenção de Clastres em relação aos Chulupi a realização de algo que "faltava" às *Mitológicas* por inexistência de dados. Estudar a mitologia de um povo, aliada ao registro minucioso dos contextos de enunciação e ao aprofundamento do conhecimento etnográfico seria avançar num caminho pouco explorado pelas *Mitológicas*. Teria sido um "luxo".

Embora o livro projetado, à diferença das *Mitológicas*, fosse dedicado a um *corpus* mitológico proveniente de uma única população, isso tampouco equivaleria a um real afastamento em relação às propostas de Lévi-Strauss. Basta considerar uma das mais conhecidas afirmações deste a respeito dos mitos: "os mitos não dizem nada que nos instrua sobre a ordem do mundo, a natureza do real, a origem do homem ou seu destino. [...] Em compensação, os mitos nos ensinam muito sobre as sociedades de que provêm, ajudam a expor os móveis íntimos de seu funcionamento, esclarecem a razão de ser de crenças, costumes e instituições cujo agenciamento parecia incompreensível à primeira vista" ([1971] 2011, p. 616). Clastres queria, justamente, conhecer os Chulupi, e tomar seus mitos como pensamento, ou "representação" sobre si mesmos (cf.

Clastres, [1977] 2011). Uma busca na internet sobre os hoje autodenominados Nivaclé revela a proliferação de estudos sobre a língua, certamente conectados a esforços das missões menonitas para convertê-los. O estudo aprofundado de sua cultura que Clastres preparava não parece ter sido realizado. Segundo uma informação sobre os possíveis significados da palavra *nivaclé*, esta "pode ser traduzida por 'pessoa' e como 'membro de um povo', e sua língua inclui também a possibilidade de que signifique 'pessoa autêntica' ou, ao contrário, 'não totalmente pessoa'" (A. M. G. Kramer, <pueblosoriginarios.encuentro.gov.ar/files/docs/Nivacle.pdf>). Como outros etnônimos nativos americanos, este iria de encontro às reflexões de Clastres em "Do etnocídio" ([1974b] 2011), quando tomava a profusão de autodenominações que se podia traduzir por "humano" como indício de que o etnocentrismo seria próprio de todos os povos, ainda que nem todos sejam etnocidas. Escrevia ele nesse verbete: "Ilustrando com alguns exemplos esse traço cultural, lembraremos que os índios Guarani nomeiam-se Ava, que significa os Homens; que os Guayaki dizem deles mesmos que são Aché, as 'Pessoas', que os Waika da Venezuela se proclamam Yanomami, a 'Gente'; que os Esquimós são Inuit, 'Homens'. Poder-se-ia estender indefinidamente a lista desses nomes próprios que compõem um dicionário em que todas as palavras têm o mesmo sentido: homens. Inversamente, cada sociedade designa sistematicamente seus vizinhos por nomes pejorativos, desdenhosos, injuriosos. [...] O etnocentrismo aparece então como a coisa do mundo mais bem distribuída" ([1974b] 2011, p. 85). Como ele teria analisado um etnônimo que pode significar "não totalmente pessoa"?

Os afastamentos deste livro em relação a lições lévi-straussianas decorreriam mais da edição do material do que da possível intenção de Clastres? Destaca-se, nesse sentido, a organização das narrativas segundo critérios aparentes e extrínsecos, "temáticas dominantes", nas palavras de Hélène Clastres (pp. 11-2), visto que contraria um princípio da análise estrutural reafirmado em várias passagens das *Mitológicas*, segundo o qual as relações entre as narrativas míticas não devem ser postuladas a partir de semelhanças aparentes, uma vez que a análise estrutural de mitos à primeira vista completamente diferentes os revela como variantes uns dos outros. A própria Hélène informa que a organização dada às narrativas muda "parcialmente" a ordem em que Pierre as deixara, e nos deixa curiosos em relação a essa ordem, que muitas pistas nos poderia dar sobre o modo como ele conduziria suas análises. Certas notas dos editores franceses, do mesmo modo, se distanciam radicalmente de contribuições de Lévi-Strauss. Como aquela (n. 24, p. 33) em que, imaginando uma nota projetada mas não redigida por Clastres a respeito da recomposição de pessoas mortas a partir de seus ossos mencionada num mito, propõem a possibilidade de antigos rituais de duplas exéquias, evidenciando tomar os mitos como reflexo de práticas presentes ou passadas, quando se trata de um motivo amplamente difundido na mitologia das Américas, conforme se pode verificar nas *Mitológicas*. Já a nota em que comentam "essa narrativa se parece mais com uma observação da realidade do que com um mito" (n. 119, p. 107) soa ao mesmo tempo contraditória em relação ao pressuposto implícito na outra e sem sentido, quando se consideram textos de Lévi-Strauss como "A ciência do concreto", primeiro capítulo de *O pensamento selvagem* (Lévi-Strauss, 1962) ou a "Abertura" de *O cru e o cozido*, primeiro volume das *Mitológicas* (Lévi-Strauss, 1964), que desenvolvem a ideia de que é precisamente uma atenta e detalhada "observação da realidade" que fornece aos mitos as "categorias concretas" com as quais compõem suas reflexões.

Algumas notas de Clastres aqui incluídas sugerem aproximações em relação às análises de Lévi-Strauss — no cuidado com a identificação das espécies nomeadas, nas informações a respeito de relações e termos de tratamento (ainda que informações sobre os termos de parentesco não tenham sido incluídas pelos editores franceses, conforme informa Hélène no "Prefácio"), na invocação de práticas, técnicas e associações ideológicas de cujo conhecimento depende a análise dos mitos. Por outro lado, percebem-se afastamentos, como a interpretação de inversões míticas em relação ao que se podia observar entre os Chulupi menos como reflexões a respeito de si mesmos do que como indícios de intenção educativa e/ou irônica. Vale também lembrar que Clastres definira certa vez o mito como "relato do gesto fundador da sociedade pelos antepassados, [que] constitui o fundamento da sociedade, a compilação de suas máximas, de suas normas e de suas leis, o conjunto mesmo do saber transmitido aos jovens no ritual de iniciação" ([1981] 2011, p. 111), uma definição condizente com análises de mitologia anteriores às propostas de Lévi-Strauss e por ele problematizadas. Seria possível manter uma tal perspectiva sobre os mitos numa análise "estruturalista"?

O fato de "El Gran Chaco" ter sido a primeira (e única) parte do livro em devir redigida por Clastres pode ser tomado como uma importante aproximação em relação à obra de Lévi-Strauss: lembra muitos inícios de partes e mesmo volumes das *Mitológicas*. Compare-se esta descrição, em que a terra dos Chulupi aparece em suas variações, sua fauna e sua vegetação, com a descrição sumária (e desinteressante) do Chaco no "Infortúnio" (Clastres, [1977b] 2011, p. 258), decerto justificada pelo fato de o artigo não se dedicar exclusivamente a esse povo. Já aqui, num livro a eles consagrado, começar por apresentar aos leitores o mundo em que as histórias em questão foram narradas é reconhecer a impossibilidade de compreender mitos sem nada saber do lugar onde circulam — uma lição fundamental, repetida e praticada pelo próprio Lévi-Strauss.

Embora composto essencialmente por mitos, o livro que Clastres anunciava seria sobre uma "tribo guerreira" e o anúncio aparecia em um artigo sobre o que entendia como outras igualmente guerreiras sociedades das Américas, de que os Chulupi/Nivaclé seriam um exemplo. O que podemos encontrar nesse artigo — o já mencionado "Infortúnio do guerreiro selvagem" — a indicar possíveis caminhos de análise neste livro projetado? No artigo, Clastres fala em "sociedades de guerreiros", e vê nos "conjuntos de guerreiros" dessas sociedades um "grupo social particular", possível germe do Estado, conjurado, nesses casos, pelo destino fatal de todos os guerreiros. O desenvolvimento de sua reflexão a respeito das "representações mitológicas da guerra e dos guerreiros" talvez o tivesse levado a ver em "guerreiro" não personagens, ou uma classe sociológica, mas uma função (sobre a ideia de "função-guerreiro", ver Perrone-Moisés, no prelo). Além das guerras visíveis, há guerras em outros planos, notadamente aquelas travadas por xamãs e seus espíritos-auxiliares. E mesmo as guerras visíveis não estão restritas aos homens, pois que sempre houve e há e haverá guerreiras indígenas nas Américas, como atesta, por sinal, um dos mitos chulupi publicados nesse mesmo artigo e aqui retomado (M73), que narra o momento em que "as mulheres começaram a combater ao lado dos maridos". Por si só, essa menção poderia gerar dúvidas quanto à oposição entre "homens-para-a-morte" *versus* "mulheres-para-a-vida" com que Clastres conclui o artigo ([1977b] 2011, pp. 286-7); oposições radicais como essa, de tipo fixo, independentes de contextos, não parecem operar no pensamento de povos nativos americanos, no qual, ao contrário, associações e seus inversos são frequentemente registradas. Ao levar a sério as narrativas e as reflexões chulupi sobre relações entre coletivos, talvez Clastres também repensasse a interpretação segundo a qual esse mesmo mito falaria de um momento "pré-social" em que os Chulupi e os Toba não se diferenciavam, pois que os dois grupos estão ali, nomeados, e como grupos diferentes se apresentam na guerra iniciada pela briga entre rapazes. Mas isso exigiria o descolamento em relação a noções caras às conhecidas propostas de Clastres, notadamente a de unidade, das sociedades "primitivas" entendida como homogeneidade: "a indivisão interna e a oposição externa se conjugam, uma é condição da outra", diria, para afirmar a centralidade da guerra "no ser social primitivo" ([1977a] 2011, p. 184). A fronteira entre "interno" e "externo" dificilmente poderia ser mantida, no Chaco como em toda a América, conforme comprovam dezenas de etnografias. Seria também difícil manter a ideia de homogeneidade "interna" de cada "sociedade", visto que os registros etnográficos vão dando cada vez mais a ver coletivos nativos americanos que "multiplicam o múltiplo" — para usar uma expressão do próprio Clastres — em todos os planos. O problema estaria em tomar a igualdade em termos de poder como sinônimo de indistinção, num plano mais geral; e ele mesmo já notava isso: "a diferença reconhecida dos talentos individuais, das qualidades particulares, da bravura e da habilidade pessoais, em suma, a hierarquia do prestígio, nem por isso deixa de excluir toda a disposição não igualitária dos guerreiros *segundo o eixo do poder político*" ([1977b] 2011, p. 254; itálicos acrescentados). Nesse mesmo artigo, ele revia afirmações anteriores segundo as quais os chefes de guerra seriam os únicos a dispor de algum poder nas sociedades primitivas, chegando a se perguntar "para que serve um chefe de guerra?". A resposta, acrescentava, "exigiria uma explanação especial". Teria ele, do mesmo modo, revisto outras análises no livro em devir?

"De que riem os índios" seria certamente nossa melhor pista de como Clastres poderia ter conduzido uma análise da mitologia nivaclé. Nesse artigo, ele interpreta o caráter cômico de duas narrativas como catarse: as narrativas permitem rir daquilo que, na vida, não se pode rir — xamãs e jaguares. Também fala de mitos que "veiculam e transmitem a cultura da tribo", retomando a definição citada acima. O principal, no que diz respeito ao livro que poderia ter sido, é uma observação no final do artigo: "o comentário precedente", diz, "não é de modo algum uma análise, mas antes o prelúdio para um tal tratamento" ([1967] 2003, p. 166). Não saberemos, lamentavelmente, que análise Clastres teria feito. Mas podemos apostar que, "necessariamente estruturalista" no espírito, teria proposto novas perspectivas sobre a análise estrutural ou, como diz Viveiros de Castro (2011), mais uma "radicalização" do estruturalismo. E que seria mais uma vez "capaz de tirar do sério, dos eixos" (*idem*, p. 301) o que cremos saber sobre sociedades "selvagens".

Ainda que não se encontrem aqui revoluções como as que Pierre Clastres costumava produzir em seus textos, a edição feita por Hélène Clastres e Michel Cartry nos permite ter acesso a um rico material. São 73 mitos numerados, cuidadosamente traduzidos por Clastres e seus dois intérpretes, que podem ser relacionados, por semelhança e por transformação, a dezenas de mitos analisados nas *Mitológicas*. Além do *corpus* mitológico que constituiria o cerne do livro e justifica o título que foi dado a esta edição, temos aqui o capítulo dedicado ao Chaco e seus habitantes, as notas etnográficas que confirmam a qualidade do pesquisador de campo, a bela homenagem a Métraux. Uma contribuição valiosa para a etnologia americanista a que outros poderão, quem sabe, dar continuidade.

Referências bibliográficas

CLASTRES, Pierre ([1967] 2003). "De que riem os índios?". In *A sociedade contra o Estado*. São Paulo: Cosac Naify, pp. 147-66.

_____ ([1974a] 2003). "Entrevista com Pierre Clastres". In *A sociedade contra o Estado*. São Paulo: Cosac Naify, pp. 235-72.

_____ ([1974b] 2011). "Do etnocídio". In *Arqueologia da violência: pesquisas de antropologia política*. São Paulo: Cosac Naify, pp. 77-87.

_____ ([1977a] 2011). "Arqueologia da violência: a guerra nas sociedades primitivas". In *Arqueologia da violência: pesquisas de antropologia política*. São Paulo: Cosac Naify, pp. 215-50.

_____ ([1977b] 2011). "Infortúnio do guerreiro selvagem". In *Arqueologia da violência: pesquisas de antropologia política*. São Paulo: Cosac Naify, pp. 253-94.

_____ ([1981] 2011). "Mitos e ritos dos índios da América do Sul". In *Arqueologia da violência: pesquisas de antropologia política*. São Paulo: Cosac Naify, pp. 91-133.

LÉVI-STRAUSS, Claude (1962). *La pensée sauvage*. Paris: Plon.

_____ (1964). *Le cru et le cuit*. Paris: Plon.

_____ ([1971] 2011). *O homem nu* (*Mitológicas* 4). São Paulo: Cosac Naify.

PERRONE-MOISÉS, Beatriz (no prelo). *Festa e guerra: movimentos coletivos dos povos nativos da América*. São Paulo: Elefante.

STERPIN, Adriana (1993). "Clastres, Pierre — *Mythologie des indiens Chulupi*". *Journal de la Société des Américanistes*, vol. 79, pp. 317-20.

TAYLOR, Anne-Christine (2013). "Pierre Clastres et la dérision du pouvoir chez les indiens: un commentaire". *Terrain*, n° 61, pp. 114-21.

VIVEIROS DE CASTRO, Eduardo (2011). "O intempestivo, ainda". Posfácio a *Arqueologia da violência: pesquisas de antropologia política*. São Paulo: Cosac Naify, pp. 297-361.

SOBRE O AUTOR

Pierre Clastres nasceu em Paris, em 1934. Formou-se em filosofia na Sorbonne em 1957, tendo como professor, entre outros, Gilles Deleuze, e durante os anos de licenciatura se orientou para a etnologia, frequentando seminários de Claude Lévi-Strauss e Alfred Métraux. Após casar-se com Hélène Clastres (1936-2023), também formada em filosofia, realizou missões etnológicas entre diferentes tribos indígenas no Paraguai: os Guayaki, ou Aché, em 1963, os Guarani em 1965, e os Chulupi em 1966 e 1968. Em 1966, um ano após seu doutorado, tornou-se membro do Laboratório de Antropologia Social do CNRS, em Paris, dirigido por Lévi-Strauss, onde permaneceu até 1974. Passou ainda breves temporadas com os Yanomami, na Amazônia venezuelana, em 1970, e com os Guarani, no Brasil, em 1974. Em 1975 tornou-se *directeur d'études* da École Pratique des Hautes Études, 5ª seção, em Paris. Faleceu em um acidente automobilístico em 1977, em Gabriac, no sul da França.

Publicou os seguintes livros: *Chronique des indiens Guayaki* (Plon, 1972, baseado em sua tese de doutorado defendida em 1965), *La société contre l'État* (Minuit, 1974), *Le grand parler: mythes et chants sacrés des indiens Guarani* (Seuil, 1974) e *Archéologie de la violence: la guerre dans les sociétés primitives* (L'Aube, 1977). Postumamente foram publicados os volumes *Recherches d'anthropologie politique* (Seuil, 1980) e *Mythologie des indiens Chulupi* (Peeters, 1992).

SOBRE O TRADUTOR

Ian Packer nasceu em São Paulo, em 1985, e é antropólogo, tradutor e professor no Departamento de Ciências Sociais da Universidade Federal do Espírito Santo. Doutor em Antropologia Social pela Unicamp e pesquisador do GAIA (Núcleo de Estudos dos Povos da Terra) na UFES, dedica-se a pesquisas nas áreas de etnologia indígena e antropologia linguística, com ênfase em poética e tradução das artes verbais ameríndias.

Este livro foi composto em Sabon,
pela Franciosi & Malta, com CTP e
impressão da Edições Loyola em
papel Pólen Natural 80 g/m² da Cia.
Suzano de Papel e Celulose para a
Editora 34, em novembro de 2024.